Das Buch
Nach dem Motto »Noch realistischer wie nie zuvor« hat Bestsellerautor Bastian Sick in seinem vierten Happy-Aua-Buch mehr als 300 unglaubliche Sprachfundstücke aus dem öffentlichen Raum, aus Supermärkten, Restaurants, Zeitungen und Inseraten zusammengestellt. Ob Teppiche aus »reiner Schuhwolle«, Accessoires mit »stilvollen Trotteln«, Wild aus »heimlichen Wäldern« oder reduzierte »Schamfestiger« – es gibt nichts, was es in diesem Buch nicht gibt. Alles ist vom Autor fein abgeschmeckt und mit einer ordentlichen Prise Ironie gewürzt.
Köstlich die milden Appetithäppchen wie »Riesengarnelen ohne Kopf mit Schal« und »Ködelsalat«. Deftig dann der Hauptgang mit »vom Pferd hausgemachter Gulaschsuppe« und »Oma's frischer Leber«. Zum Dessert steht Klassisches auf dem Programm: Von Puccinis »Toscana« über Wagners »Rind der Nibelungen« bis zu Mozarts »Knöchelverzeichnis«.
Außerdem kann man – wie immer bei Sick – zwischendurch und nebenbei noch etwas lernen. Zum Beispiel über den Gebrauch von Befehlsformen wie »Speise früh Kartoffeln« und über Dativ, Akkumulativ und andere Unfälle.

Der Autor
Bastian Sick, geboren in Lübeck, Studium der Geschichtswissenschaft und Romanistik, Tätigkeit als Korrektor und Übersetzer, von 1995 bis 1998 Dokumentationsjournalist beim »Spiegel«, von 1999 bis 2009 Mitarbeiter der Redaktion von »Spiegel Online«, seit 2003 dort Autor der Sprachkolumne »Zwiebelfisch«. Aus diesen heiteren Geschichten über die deutsche Sprache wurde später die Buchreihe »Der Dativ ist dem Genitiv sein Tod«. Es folgten zahlreiche Fernsehauftritte und eine Lesereise, die in der »größten Deutschstunde der Welt« gipfelte, zu der 15.000 Menschen in die Köln-Arena strömten. Seitdem war Bastian Sick mehrmals mit Bühnenprogrammen auf Tournee, in denen er eine neuartige Mischung aus Lesung, Kabarett und Quizshow präsentierte. Zuletzt erschien von ihm »Der Dativ ist dem Genitiv sein Tod – Folge 5«. Bastian Sick lebt und arbeitet in Hamburg.

Weitere Titel bei Kiepenheuer & Witsch

»Der Dativ ist dem Genitiv sein Tod. Ein Wegweiser durch den Irrgarten der deutschen Sprache«, KiWi 863, 2004 (liegt auch als gebundene Schmuckausgabe vor). »Der Dativ ist dem Genitiv sein Tod – Folge 2. Neues aus dem Irrgarten der deutschen Sprache«, KiWi 900, 2005. »Der Dativ ist dem Genitiv sein Tod – Folge 3. Noch mehr Neues aus dem Irrgarten der deutschen Sprache«, KiWi 958, 2006. »Happy Aua. Ein Bilderbuch aus dem Irrgarten der deutschen Sprache«, KiWi 996, 2007. »Zu wahr, um schön zu sein. Verdrehte Sprichwörter – 16 Postkarten«, KiWi 1050, 2008. »Happy Aua – Folge 2. Ein Bilderbuch aus dem Irrgarten der deutschen Sprache«, KiWi 1065, 2008. »Der Dativ ist dem Genitiv sein Tod – Folge 1–3 in einem Band. Ein Wegweiser durch den Irrgarten der deutschen Sprache«, KiWi 1072, 2008. »Der Dativ ist dem Genitiv sein Tod – Folge 4. Das Allerneueste aus dem Irrgarten der deutschen Sprache«, KiWi, 1134, 2009. »Hier ist Spaß gratiniert. Ein Bilderbuch aus dem Irrgarten der deutschen Sprache«, KiWi 1163, 2010. »Wir sind Urlaub – Das Happy-Aua-Postkartenbuch«, KiWi 1190, 2010. »Wie gut ist Ihr Deutsch? Der große Test«, KiWi 1233, 2011. »Der Dativ ist dem Genitiv sein Tod – Folge 5«, KiWi 1312, 2013.

Bastian Sick
Wir braten Sie gern!

**Ein Bilderbuch aus dem Irrgarten
der deutschen Sprache**

Kiepenheuer & Witsch

Verlag Kiepenheuer & Witsch, FSC®-N001512

3. Auflage 2013 (35.001–50.000 Exemplare)

© 2013 by Verlag Kiepenheuer & Witsch, Köln
© SPIEGEL ONLINE GmbH, Hamburg 2013
© Bastian Sick
Alle Rechte vorbehalten. Kein Teil des Werkes darf in
irgendeiner Form (durch Fotografie, Mikrofilm oder ein
anderes Verfahren) ohne schriftliche Genehmigung des
Verlages reproduziert oder unter Verwendung elektronischer
Systeme verarbeitet, vervielfältigt oder verbreitet werden.
Umschlaggestaltung: Barbara Thoben, Köln
Umschlagmotiv: © Richard Drury/Getty Images; Petair – Fotolia.com
Gesetzt aus der Frutiger
Satz: Felder KölnBerlin
Druck und Bindearbeiten: CPI books GmbH, Leck
ISBN 978-3-462-04574-1

Inhalt

Vorwort	6
Nicht Fisch, nicht Fleisch	8
Gesucht wird …	14
Aus deutschen Landen	26
Sie oder sie?	32
Wir braten Sie gern!	38
Muss das soo?	46
Nichts für Orthonormalverbraucher	52
Surreal	60
Der Grampf mit den Gonsonanden	68
Kleiner Strich, große Wirkung	74
Trennungssch-merzen	82
Schmeckt wie Mamma	88
Wer kennt sich mit Tieren aus?	96
Nachricht von Gott	110
Bleiben Sie gesund!	116
Im Land der Dichter und Stänker	124
Am stillen Orte	130
Deutsch oder Englisch?	138
Wer, wie, was?	146
Das gibt's nur hier!	154
Amtlich	162
Parlez-vous français?	168
Willkommen im Erregungsland	176
Hält nicht, was es verspricht	188
Bildnachweis	196

Verehrte Leserinnen und Leser!

Es ist mir eine große Freude, Ihnen ein weiteres Bilderbuch aus dem Irrgarten der deutschen Sprache präsentieren zu können. Wer da glaubte, nach drei Happy-Aua-Bänden sei Schluss, weil alles gezeigt worden sei, was sich an Kuriositäten im deutschen Sprachalltag zusammentragen ließe, der hat keine Ahnung, wozu der Mensch in der Lage ist, wenn er sich Hals über Kopf ins Reich des geschriebenen Wortes stürzt. Der Quell, aus dem meine Arbeit gespeist wird, scheint jedenfalls unerschöpflich.

In den nunmehr zehn Jahren, in denen ich amüsante Wortverdreher und ungewollt komische Rechtschreibfehler sammele, ist dank Ihrer tatkräftigen Unterstützung so viel Material zusammengekommen, dass es in meinem Büro eine ganze Regalwand mit Aktenordnern füllt. Und jeden Tag kommt Neues hinzu, per Post oder per E-Mail. So beginnt ein Arbeitstag für mich meistens mit einem herzhaften Lachen.

Oft genügt ein einziger fehlender Buchstabe, um aus etwas Bekanntem etwas überraschend anderes werden zu lassen, wie bei der Mode »in tollen Frühlingsfarben«, die im Katalog als Mode »in ollen Frühlingsfarben« erschien. Kein Wunder, dass der Versandhandel in der Krise steckt. Manchmal reicht ein simpler Strich, und etwas Grundsolides gerät völlig aus der Form, wie bei dem Kochtopfset aus Email, das als »E-Mail Kochtopfset« angeboten wurde.

Die Auswahl für dieses Buch zu treffen, war nicht immer leicht. An amüsanten Fundstücken mangelt es zwar nicht, aber sie sollen ja auch zueinander passen. Schließlich will so ein Buch in übersichtliche Kapitel gegliedert sein. Vieles musste deshalb außen vor bleiben, wie zum Beispiel jener Wegweiser, auf dem das Wort »Friedhof« steht, und in Klammern darunter: »gespendet von der Jagdgenossenschaft«.

Gern hätte ich auch jene Liebeserklärung gezeigt, die jemand an einer Berliner Häuserwand hinterlassen hatte: »Baby ich ❤ dich unendli«. Schöner lässt sich die abrupte Endlichkeit des vermeintlich Unendlichen kaum illustrieren.

Auch wenn sich dieses Buch mit seinen vielen Bildern als scheinbar leichte Kost präsentiert, so steckt doch viel Arbeit darin. Hunderte Leser mussten angeschrieben werden, Fundorte recherchiert und Quellenangaben überprüft werden. Manchmal war ein Einsender nicht mehr erreichbar, manchmal meldete er sich einfach nicht zurück, sodass sein Foto am Ende nicht verwendet werden konnte, auch wenn es wunderbar gepasst hätte. Das war zum Beispiel der Fall bei der Menütafel, auf der das Wort »Crêpes« so geschrieben war, als kämen diese feinen dünnen Pfannkuchen nicht aus Frankreich, sondern aus Amerika: »Crapp's«. Die meisten Einsender aber reagierten prompt und hocherfreut, was wiederum mich erfreute. Ihnen allen sage ich an dieser Stelle von ganzem Herzen danke!

Erfreut hat mich außerdem die Meldung über ein Promi-Paar, das sich laut einer Internet-Gazette das »Jahrwort« gab. Tatsächlich hielt die Ehe ganze zwei Jahre, somit wäre die Bezeichnung »Zwei-Jahres-Wort« zutreffender gewesen. Aber wer kann schon in die Zukunft schauen? Da sind wir auf reine Vermutungen angewiesen. Ich halte es daher mit jener Prophezeiung, die ein Leser in einem chinesischen Glückskeks fand und mir zusandte:

VERÄNDERUNGEN STEHEN VOR DER TÜR. LASSE SIE RUHIG ZU.

Hamburg, im November 2013

Nicht Fisch, ...

Man sagte, es sei ihm in die Wiege gelegt, Fischverkäufer zu werden. Doch Herr Hering schlug die Vorhersehung in den Wind und wählte ein anderes Schicksal.

Dresden

... nicht Fleisch

Quietscheentchen und Schwimmringe sind passé. Der neue Badespaß heißt »Falsches Filet« und ist für Badewanne und Schwimmbecken gleichermaßen geeignet. Sieht echtem Fleisch zum Verwechseln ähnlich und hilft, unliebsame Vegetarier aus dem Hotelpool zu verscheuchen.

Angebot eines Supermarktes in Bad Nenndorf (Niedersachsen)

Als der Fleischer merkte, dass ihm mitten in der Sauerkraut-Saison das Eisbein ausging, bekam er kalte Füße. Seine Frau riet ihm kurzerhand, die Definition des Wortes »Bein« zu erweitern.

Aus einem »Kaufland«-Prospekt

Nachdem kubanische Zigarren praktisch unerschwinglich geworden waren, fanden die Dellmensinger Fischer einen relativ preiswerten Ersatz.

Stimmt die Farbe, ist sie gar? Beim Fest der Dellmensinger Fischer werden die Forellen frisch vor Ort geraucht. Gerhard R. prüft die Ware. Foto: F

»Südwest Presse« Ulm

Um den Damen des fleischlichen Gewerbes die Arbeit etwas leichter zu machen, bietet dieser Fleischer ein maßgeschneidertes Catering.

Aus dem Prospekt eines Supermarkts in Rotenburg an der Wümme (Niedersachsen)

Im Indischen Ozean kann es ganz schön kalt sein, weshalb die Riesengarnelen selbst dann noch einen Schal tragen, wenn sie ihren Kopf schon längst verloren haben.

Angebot eines Supermarkts in Berlin-Wilmersdorf

Die Mama ist scharf auf Gemüse, aber der Papa ist geil auf Fisch, und weil die Mama den Papa glücklich machen will, bekommt er auch heute wieder sein ...

Angebot in Köln

»Herr Doktor, wie wird man Vegetarier?« – »Probieren Sie mal das hier!«

Aus einem »Edeka«-Prospekt

Gesucht wird ...

Sie sind 13 und haben einen Führerschein? Sie sind musikalisch und haben eine Stimme wie eine Säge? Sie sind flexibel und lassen sich gern zusammenlegen? Sie suchen einen Job und sind eher lässig als zuverlässig? Dann werden Sie hier ganz bestimmt fündig!

Heutzutage muss man mehrgleisig fahren, dachte sich der Bäckermeister und bot zusätzlich Dienste als Landschaftsgestalter an.

> Selbstständig arbeitender **Bäckergeselle (Meister)**, speziell ==Teichmacher==, für sof. od. später gesucht. Für unsere Filialen in Seppenrade und Lüdinghausen suchen wir noch eine **Bäckereifachverkäuferin** (nur Fachkraft), auch auf 400 € Basis.

Anzeige aus den »Ruhrnachrichten« (Nordrhein-Westfalen)

Sind Sie gut im Kopfrechnen? Hier hätten wir eine Stellenofferte für acht Zwei- und einen Einarmigen, oder für fünf Zweiarmige und sieben Einarmige. Rechnen Sie es sich selbst aus.

Anzeige aus dem »Kreisboten« Landsberg am Lech (Bayern)

> Raum Ulm. **Herr M███████,**
> **70/1.72gr., verwitwet, kathol.,**
> schlk., gepflegt, ausgeglichen,
> gesellig, angesehen, finanziell
> sorglos, humorvolle blaue Augen.
> „Ich wohn allein in meinem schö-
> nen Haus, guter Autofahrer, ==bin
> gesund, tolerant, pflegeleicht und
> mö. dies gern ändern.== Rufen Sie
> mich einfach an, Danke."
> **PV ROSES, Tel. 07331-█████,**
> auch www.the-roses.de

Kontaktanzeige aus dem »Göppinger Wochenblatt«
(Baden-Württemberg)

> **Achtung!!!** Dringend!
> Ich schreibe mein Bachelorarbeit, ich brauche dringend jemand, d'meine Texte umformiliert und sprachlich korripert. Im Bereich Elektrotechnik oder Maschinenbau. Ich habe damit grosse Probleme, da meine Muttersprache deutsch ist. Ich bin dafür berat ein bisschen zu bezahlen

Aushang an der Universität Bielefeld

> **Rock-/Pop-Party-Band aus Oberfranken**
> **sucht schnellstens Sägerin.** Bei Interesse
> bitte melden unter Tel. 0170/ ███████

Kleinanzeige aus dem »Obermain Anzeiger« (Bayern)

„**Mädchen für Alles**", bevorzugt männl., mit Verstand, von bettlägerische Dame gesucht. Zuschriften mögl. mit Bild. Zuschriften-Nr. 3 560 207 an AZ/AN Postf. ▆▆▆, 52085 Aachen

Anzeige aus der »Jülicher Zeitung« (Nordrhein-Westfalen)

STELLENGESUCHE

Suche Stelle als LKW 40 to auf 400 € Basis, ✉ ▆▆▆▆ Zuschr. an: Wochenspiegel, Bärplatz 6/7, 06366 Köthen

Anzeige aus dem »Wochenspiegel« Köthen (Sachsen-Anhalt)

1 Paar Unterarm Gehilfen (Krücken) mit Ergonomisch geformten Handgriffen, 9-fach höhenverstellbar und stabil (CE-geprüft bis 135 kg). Fuer Ihre Sicherheit sind

Anzeige aus der »Mallorca Zeitung«

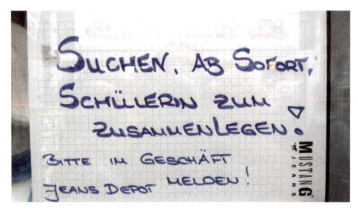

Hier gilt: Schön flexibel sein, sonst wird man bloß zusammengefaltet!

Jeansgeschäft in Heringsdorf auf Usedom (Mecklenburg-Vorpommern)

Weil heute nichts mehr selbstverständlich ist, müssen manche Angebote doppeldeutlich formuliert werden.

Fischbude in Flensburg (Schleswig-Holstein)

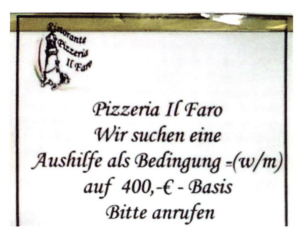

Herr Schubert verstand nicht, warum er ständig mit neuen Bedingungen konfrontiert wurde, während er doch nur auf die Bedienung wartete.

Hinterzarten (Baden-Württemberg)

Der Bedarf an Deutschkenntnissen ist unverkennbar.

Hannover

Suche Gartenzwerk

Datum: 20.03.11
Name: Dieter

Text: Suche als Geburtstagsgeschenk einen Gartenzwerk, Motiv "Henker", "Beil oder Messer im Rücken".

Bitte Foto und Preis
Danke

Helfen Sie Dieter und tun Sie ein gutes Zwergenwerk!

Internet-Kleinanzeigenportal

> **Marktverkäuferin** (41 J.)
> **sucht neue Stelle**
> wegen Umzug
> (Erfahrung: 5 Jahre Käse).
> **Telefon 04974 /**

Manchmal ist das, was man vorzuweisen hat, der reinste Käse!

»Anzeiger für Harlingerland« (Niedersachsen)

Deutschland ist ein Land der Skeptiker. Selbst der Glaube an die Nachhaltigkeit ist an eine Frist gebunden.

> **Professur (W2) für**
> **Nachhaltigkeit**
> Die Stelle ist auf fünf Jahre befristet.

In einigen Branchen sind die Ansprüche drastisch gestiegen. Mochte es früher noch genügen, wenn man als Kurier ein eigenes Fahrrad hatte, so muss man heute schon mehr mitbringen.

Verteiler gesucht!
ab 13 Jahre

Mit eigenem Pkw
in

Poppenbüttel
Wellingsbüttel
Sasel
Bergstedt
Volksdorf

Alstertal-Magazin • Magazin Verlag Hamburg

Wer Hielfe sucht, ...

Lehrerin
zur Nachhielfe in Erkelenz gesucht,(Mate,Deutsch) ☎ 01 60 /

Anzeige aus dem »Super Sonntag« (Nordrhein-Westfalen)

... wird Hillfe finden!

Pädagogin bietet Legasthenie, Dyskalkulie und Nachhillfe in Deutsch Grundschule bis sechste Klasse ✆ 0163 ▇▇▇

Anzeige aus dem »Stadtspiegel« Essen

Nachhilfe kann Spaß machen und dennoch effektiv sein. Pensionierte Studienrätin hilft i. d. Fä. Deutsch u. WiPo zu fähren Preisen.
☎ 0451/▇▇▇

Besser fähr als ungefähr!

Anzeige aus den »Lübecker Nachrichten«

Suche kompetenten erfahrenen
Englisch Couch
für Abi 2012.
Telefon 0171/...

Im Hause des Abiturienten wunderte man sich über die vielen Anrufe von Trödelhändlern, die ein altes englisches Sofa anzubieten hatten.

Anzeige aus dem »Hohenloher Tagblatt« (Baden-Württemberg)

▶ Nachhilfe

Realschullehrerin bietet Qreschkursnachhilfe in Englisch. Ø ...

Trotz der Nachhilfe erlebten die Schüler im Englischtest einen regelrechten Crash.

Anzeige aus dem »Schwarzwälder Boten«

DATUM: 21. 1. 2011
Suche: Putzfrau
zuverlässig 1x wöchentlich
in Stammham

Herr Hilflos war glücklich: Seine neue Reinigungskraft erwies sich zwar als chronisch unpünktlich, doch keine kam so lässig zu ihm gefahren wie sie.

Aushang am Schwarzen Brett eines Supermarktes in Ingolstadt

Dieser Handwerker ist immerhin ehrlich und versucht gar nicht erst, sein Alkoholproblem zu verheimlichen.

> Maler sucht trinkend Arbeit Innen und ausen zu erreichen Unter Tel. 015287...

Handzettel aus dem Münsterland (Nordrhein-Westfalen)

Wer als Mann auf dem Land groß rauskommen will, braucht keine Bullenstärke mehr. Heutzutage zählt, was man im Kopf hat – und dazu die nötigen Papiere.

> **Landwirt mit Kuhverstand und Besamungsschein gesucht!**
> z.zt. 350 Kühe, sol. Bezahl., NVP, Tel. 0160/...

Anzeige aus der »Ostsee-Zeitung« (Mecklenburg-Vorpommern)

Sie haben Ebbe in der Kasse und eine Flut von unbezahlten Rechnungen? Mit den Gezeiten kennen Sie sich also aus! Dann hätten wir hier einen Job für Sie!

Und wer für all das nicht zu gebrauchen ist, der ist immerhin noch hierfür qualifiziert:

3 Scheißer (MAG, E, A) per sofort bei guter Bezahlung gesucht, Fa. AKZENT ☎ 03 91/

3 Schlosser für sofort gesucht (gute Bezahlung), Fa. AKZENT ☎ 03 91/

Anzeige aus der »Volksstimme« Magdeburg

Aus deutschen Landen

Gelobt sei die regionale Vielfalt: Ob Wild aus heimlichen Wäldern, Currywurst aus dem Asia-Wok, kölsche Tappas oder frische Ost-Salate – nichts geht über die Deutschküche! Werfen wir einen Blick auf die saisonallen Angebote.

Tatsächlich: Kein Druckfehler! Sondern ein veritabler Grammatikfehler!

»Comet«-Supermarkt in Oldenburg (Niedersachsen)

Bis heute hat kein Mensch diese Wälder gesehen. Die Eber werden das Geheimnis ihrer Herkunft mit ins Grab nehmen.

Restaurant in Schlangenbad (Hessen)

Denk ich an Deutschland, denk ich an Kartoffeln, Sauerkraut, Schweinebraten – und natürlich an Sushi!

Restaurant in Geisenheim (Hessen)

Wenn Sie Mordsee verstehen, liegt's am Nuscheln!
Speisekarte eines Kieler Restaurants

Von allen regionallen Angeboten ist dies zweifellos das originallste!
Gaststätte in Malchow (Mecklenburg-Vorpommern)

Da es ostdeutsche Tomaten auf dem Markt immer noch schwerer haben als südeuropäische, entschied sich dieser Erzeuger dafür, die genaue Herkunft einfach zu verschleiern.

Aus einem Supermarkt in Rostock

Eine beliebte Spezialität aus Ostdeutschland sind »Gerti's« Salate. Ab sofort auch im Westen erhältlich!

Imbiss in Mainz

* * *

Schweinsbraten aus der Schulter mit Kruste und Kartoffelknödel;
dazu Krautsalat   8,90

<u>Halbe Bauernrente</u> (ausgelöst) resch gebraten dazu Apfelblaukraut
und Kartoffelknödel   11,90

Tafelspitz aus dem Wurzelsud mit Apfel-Meerrettichsauce(1,5)
dazu Butterkartoffeln   10,50

* * *

Falls Sie Bauer sind und sich wundern, wo Ihre Rente bleibt, dann fragen Sie mal im Wirtshaus nach! Es kann nämlich sein, dass der Koch sie gerade ausgelöst hat.

Restaurant in München

Fester Bestandteil deutscher Tradition: die Apfelscholle. Fruchtig und erfrischend, mit einem leicht fischigen Nachgeschmack.

Angebot auf dem Mittelaltermarkt in Nabburg (Bayern)

Sie oder sie?

Dass die Großschreibung von »Sie« und »Ihnen« mit der Rechtschreibreform abgeschafft worden sei, ist ein weitverbreiteter Irrtum. Ein anderer Irrtum ist, dass »sie« und »ihnen« immer großgeschrieben würden. Das kann zu erheblichen Missverständnissen führen. Einige werden es wohl nie begreifen, auch wenn man es Ihnen noch so oft erklärt.

Für ihren Zoobesuch hatte sich Frau Wagner extra ein neues Sommerkleid gekauft – und dann diese Enttäuschung: Sie war gar nicht zu sehen!

Leipziger Zoo

Die Rentner sind mal wieder schuld! Die haben das arme Tier offenbar zu Tode erschreckt. (Der Zoo hat daraufhin auch erst einmal die Seniorenermäßigung gestrichen.)

Tierpark Senftenberg (Brandenburg)

Herr Grünwiesner war es leid, ständig den Kot fremder Menschen aus seinem Garten entfernen zu müssen. Da waren ihm Hunde schon lieber.

Leipzig

Einst hatte die Hexe Hänsel und Gretel mit Lebkuchen gelockt, um sie in ihren Backofen zu stoßen. Nun versuchte sie es erneut – diesmal mit Erdbeeren.

Einwickelpapier einer Dresdner Bäckerei

DI, FR, SA: Frühkartoffeln :-)
endlich ist die neue Ernte da

weiterhin bieten unsere freilaufenden Hühner Ihre Eier an...
natürlich bei K

Bauer Harms hatte keine Erklärung dafür, weshalb sein Hof von den Männern der Umgebung wie die Pest gemieden wurde.

»Heimatnachrichten« Homberg/Efze (Hessen)

Am Ende waren es mehrere Hundert Menschen, denen der Elektrikermeister eine Festanstellung in seinem Betrieb anbieten musste.

Anzeige aus dem »Fränkischen Tag« Bamberg (Bayern)

Welch ein neugieriges und unerschrockenes junges Fräulein!

Aus einer Anzeige im Veranstaltungskalender »Mein Bachgau« (Hessen)

Sie haben Bücher die Sie nicht mehr brauchen? Wir holen Sie gerne kostenlos ab, Tel. ▓▓▓▓▓▓

Dann haben Ihre Bücher endlich mehr Platz und können es sich bei Ihnen so richtig schön gemütlich machen.

Aber geben Sie gut acht, von wem Sie abgeholt werden. Am Ende landen Sie womöglich im Aktenvernichter! Diese Herren machen kein Geheimnis daraus, was sie mit Ihnen vorhaben.

Fotografiert in Kiel

Wir braten Sie gern!

Kürzlich las ich in einer E-Mail: »bei uns wird service großgeschrieben«, und wunderte mich ein wenig. Korrekte Großschreibung ist nämlich nur selten im Service inbegriffen, andere Aspekte der Rechtschreibung schon gar nicht. Sonst aber wird jeder Ihrer Wünsche erfüllt. Ob Vorort oder bei Ihnen zuhause im Garten.

Ährenwerte Kunst! Auf Wunsch auch gerahmt.
Biomarkt in Mainz

Denn um Ihren eigenen Kaffee wäre es doch schade …
Internationales Lebensmittelgeschäft in Berlin

Irgendwann werden wir Stadtmitte sein!

Karton einer Umzugsspedition in Berlin

Frau Stanninger hatte sich gewünscht, dass ihr mal jemand kräftig den Rücken massierte, verstand aber nicht, warum das unbedingt im Garten geschehen musste.

Velbert (Nordrhein-Westfalen)

Beeindruckend, was sich heute alles bedrucken lässt!
Aufsteller in der Bochumer Innenstadt

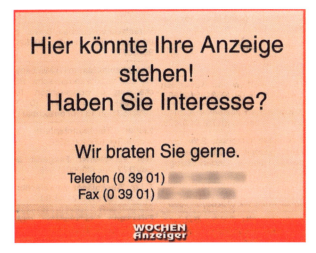

Andere lassen Sie höchstens schmoren, wir bieten mehr!
Aus der »Altmark-Woche« (Sachsen-Anhalt)

> Wir öffnen täglich um 10⁰⁰
> die Küche öffnet um 10³⁰
> und schließt eine halbe Stunde vorher

Anders ausgedrückt: Wenn wir öffnen, geht der Koch nach Hause.

Restaurant in Wels (Österreich)

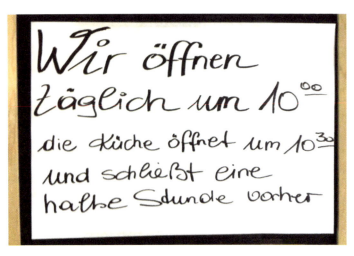

So eine Gelegenheit zum Angeln bietet sich schließlich nicht alle Tage!

Orthopädie-Fachgeschäft in Mönchengladbach

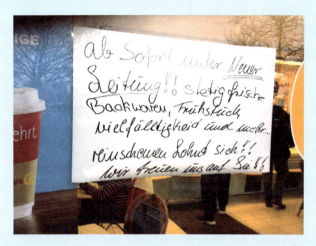

Die Vielfältigkeit kommt unter anderem in der Rechtschreibung zum Ausdruck.

Bäckerei in Vellmar (Hessen)

Dieses Angebot kostet Sie außerdem den Akkusativ.

Kosmetikstudio in Bayreuth (Bayern)

Offenbar läuft der Laden nicht besonders gut.
Caté in Münster

Raffinierte, wenngleich nicht sonderlich appetitliche Methode zur Erhöhung des Kaffee-Umsatzes.
Stadtgarten in Weingarten in Württemberg

Diese Werbefolie misst 2 x 4 Meter. Das ist so groß wie ein Swimmingpool. Für das komplette Wort »Spargel« reichte der Platz trotzdem nicht aus.

Straßenwerbung in Essen

Schlaue Geschäftsidee. Vielen kommt es ohnehin bloß auf die Verpackung an. Der Inhalt kann die reinste Leere sein.

Metzgerei in München

Muss das soo?

Die Media-Saturn-Gruppe gibt jährlich rund 600 Millionen Euro für Werbung aus. Das entspricht der Hälfte des gesamten Kulturetats der Bundesrepublik Deutschland für das Jahr 2012. Die folgenden Beispiele vermitteln einen Eindruck davon, welch außergewöhnliche Leistungen mit diesem Budget finanziert werden.

Darauf hat die moderne Hausfrau gewartet: eine beheizbare Tassenabstellfläche für Staubsauger! Fehlt nur noch eine Milchschaumzufuhr über die Ansaugdüse, dann ist der Cappuccino-Haushaltssauger perfekt.

Aus einem »Saturn«-Prospekt

Man achte auf das Kleingedruckte! Immer bei Vollmond verwandelt sich diese harmlose Bügelstation in einen blutrünstigen Fleischwolf.

Aus einem »Saturn«-Prospekt

Dort erhalten Sie auch das orthografische Reserverad.

»Media Markt« in Hannover

Raffiniertes Extra: Dieses Gerät täuscht vor, es würde Videos oder Fotos aufnehmen.

Aus einem »Media Markt«-Prospekt

Siehst du noch in die Glotze, oder guckst du schon Fernse?
»Media Markt« in Bad Dürrheim (Baden-Württemberg)

Damit der Bildschirm auch wirklich schwarz bleibt.
»Media Markt« in Weilheim (Bayern)

Nach Marlene Dietrich wurde eine Hose benannt, nach John Lennon eine Brille und nach Brad Pitt immerhin etwas Praktisches für die Küche.

»Media Markt« in Berlin-Mitte

... weil am Ende Saft herauskommt!
»Media Markt« in Neu-Ulm (Bayern)

Für alle, die ihren Macchiato lieber mit Tee zubereiten ...

»Saturn« am Alexanderplatz in Berlin

Die erste Begegnung zwischen »Saturn«-Mitarbeitern und Büchern war noch von einigen Missverständnissen geprägt.

»Saturn« in Aachen

Nichts für Orthonormalverbraucher

Was darf es für Sie sein? Eine Mango, eine Ananas, ein Pfund Artischocken und Speisefrühkartoffeln? Dann müssen Sie woanders hingehen. An diesem Obst- und Gemüsestand gibt es nur ausgefallene Ware: handverlesene Erzeugnisse aus ganz speziellem orthografischen Anbau.

Endlich wieder Ananas! Vor lauter Begeisterung konnte der Marktleiter mit dem Schreiben gar nicht mehr aufhören.

»Interspar« in Braunau am Inn (Österreich)

Hier wird ein wenig übertrieben: So doll sind die Bananen nun auch wieder nicht.

Gemüsehändler in Berlin

Freudig überrascht rief der Berliner Tourist am Gemüsestand: »Det is'n Ding, wa?« – Damit meinte er den ...

Gemüsehändler in Regensburg

Diese Früchte sind offenbar verflucht. Vielleicht heißen sie auch nur so, weil sie eine verflucht weite Reise hinter sich haben – im Fluchzeuch.

Obststand in Hamburg

Da dürfte die Verpackung teurer als der Inhalt gewesen sein.

»Lidl«-Markt in Hennef (Nordrhein-Westfalen)

Dieser Rat ist gut und günstig. Ein weiterer lautet: »Und iss spät nur noch Obst!«

»Rewe«-Markt in Würselen (Nordrhein-Westfalen)

Beim Thema Chrysan lohnt es sich immer, auf den Busch zu klopfen!

»Edeka«-Markt in Rot am See (Baden-Württemberg)

Einige Blumennamen sind so geläufig, ...
Aus einem »Edeka«-Prospekt

... bei denen kann man eigentlich nicht veil pfalsch machen.
Supermarkt in Berlin

Schon ausverkauft! Nächste Woche gibt's zum Ausgleich wieder Proschocken.

»Toom«-Supermarkt in Hamburg

»Mach mir beim Beschriften bloß keinen Quark!«, hatte der Chef gesagt. Der Lehrling war folgsam.

»Coop«-Markt in Zürich

»Ihr wollt Zwiebeln sein?«, spottete die dicke Gemüsezwiebel über die jungen Lauchstangen. »Ist ja wohl lachhaft!«
Werbung des »NP-Discounts« Hohenhameln (Niedersachsen)

Kammersänger Friedemann fand, dass seine Stimme etwas rostig klang. Sein Arzt riet ihm daraufhin, die Teesorte zu wechseln.
»Tedox« in Bad Camberg (Hessen)

Surreal

Unter allen Supermärkten Deutschlands sticht einer ganz besonders hervor. Wie kein anderer versteht er es, sein Publikum mit aberwitzigen Angeboten zu verblüffen. Manches erscheint einem unglaublich, ja geradezu fantastisch, doch am Ende stellt sich heraus: Es ist alles real!

So ein Sack für die Weihnachtsgeschenke muss viel aushalten und kann auch schon mal kaputtgehen. In diesem Supermarkt gibt's umweltfreundlichen Ersatz: Jutebeutel für die extra-weiche Nacht!

»Real«-Markt in Saarbrücken

Tolles Angebot für Schatzsucher: Einfach dieses Salz ins Meer kippen und warten, bis die gesunkenen Schiffe von selbst an die Oberfläche treiben.

»Real«-Markt in Bremen

Bei so vielen Apostrophen musste Filialleiter Häkchenmann mit Kundenprotesten rechnen. Da nützte es auch nichts, dass er sich auf einen bekannten Grammatikautor berief.

»Real«-Markt in Braunschweig

Diese Reinigungsflüssigkeit wurde offenbar unter Hochdruck beschriftet – oder sie ist speziell für Trucks entwickelt worden.
»Real«-Markt in Groß-Gerau (Hessen)

In Uelzen kam die Kriminalpolizei einer Bande von Fälschern auf die Spur, die nachgemachte Cornflakes in Umlauf gebracht hatte.

»Real«-Markt in Uelzen (Niedersachsen)

Griechenland muss sparen. Aus Solidarität spart der deutsche Einzelhandel mit, wo er nur kann – zum Beispiel an den Buchstaben.

»Real«-Markt in Traunstein (Bayern)

Einmal drin, alles hin. Auch die Rechtschreibung. Beim Erstellen dieses Schildes galt offenbar die Devise: Fehler sind im Dutzend billiger! (13 sind es an der Zahl.)

»Real«-Markt in Eschborn (Hessen)

Nichts geht über ein gut sortiertes Angebot! Da finden sich Herren und Damen gleichermaßen schnell zurecht.

»Real«-Markt in Rostock

Manchmal entscheidet schon die Regalbeschriftung darüber, ob ein Produkt vom Kunden als ansprechend empfunden wird oder nicht.

»Real«-Markt in Frankenthal (Rheinland-Pfalz)

Nach zähen Verhandlungen errang der Gleichstellungsbeauftragte für die »Real-Märkte« einen wichtigen Etappensieg: Die Geschäftsleitung erweiterte das Sortiment der Hygieneabteilung um ein wichtiges Produkt für Männer.

»Real«-Markt in Darmstadt

Beim Futtern im Kino fällt vieles daneben, und wenn sich jemand draufsetzt, kommt am Ende dies heraus:

»Real«-Markt in Karlsruhe

Der Grampf mit den Gonsonanden

Für die Berechnung von Dreiecken und Kreisen stehen uns Formeln wie $a^2 + b^2 = c^2$ und $A = \pi\, r^2$ zur Verfügung. Auch bei der Untersuchung der Sprache kommen hilfreiche Formeln zum Einsatz. Die sind zum Glück nicht ganz so kompliziert. Für die Berechnung des mittel- und oberdeutschen Sprachraums gilt k = g, t = d und p = b.

MEISTERBRIEF

OR

DEM ZUSTÄNDIGEN MEISTERPRÜFUNGS-
AUSSCHUSS FÜR DEN HANDWERKSKAMMERBEZIRK
NIEDERBAYERN·OBERPFALZ HAT HEUTE

Herr ⬛

DIE

MEISTERBRÜFUNG

im Fleischer-Handwerk

BESTANDEN UND DAMIT NACH ERFÜLLUNG
DER GESETZLICHEN BESTIMMUNGEN DAS RECHT
ZUM SELBSTÄNDIGEN BETRIEB DIESES HANDWERKS
UND ZUR FÜHRUNG DES MEISTERTITELS
IN DIESEM HANDWERK ERWORBEN

PASSAU/REGENSBURG, DEN **7. Dezember 1984**

HANDWERKSKAMMER NIEDERBAYERN·OBERPFALZ

Fleischabteilung im »Wal-Mart« in Würzburg

Can-Can am Marderpfahl

Aus dem »Amtsblatt der Lutherstadt Eisleben« (Sachsen-Anhalt)

Ingrid sollte vorher nichts wissen, die Vorbereitungen liefen geheim.
Die Freunde wurden informiert, die Torte mit der "20" bestellt.
Schwager Klaus Johe bekam eine bedruckte Blumenscherbe um den Hals, die anderen Gratulanten nehmen ihre Jubiläumsgeschenke in die Hand und singend ging es los.
Nach der Melodie vom Holzmichellied wurde gesungen
"Wie lang gibt's dann deinen Blumenladen schon, Blumenladen schon?"

Aus dem Mitteilungsblatt »Oberzent aktuell« (Hessen)

RÄUMUNGSVERKAUF

bis 31.5. wegen Umzug
ALLES MUSS RAUS
Kinderbegleitung
bis zu **50%** reduziert

Pi███, Urbanstr. 13
www.███████.de

Anzeige aus dem »Stuttgarter Wochenblatt«

Unser Nesthäkchen
Julia
wird pflücke!
Wir können es noch gar nicht fassen, Julia alleine in die Welt zu lassen. Der langersehnte Tag ist da, sie wird tatsächlich schon 18 Jahr.
Alles Liebe und Gute zu Deinem **18. Geburtstag** wünschen Dir
Mama, Papa, ███
███ ███

Inserat aus der »Rhein-Zeitung« (Rheinland-Pfalz)

Die »b«s waren offenbar knapp geworden.
Konditorei in Dresden

Beispielhafte türkische Integration ins Hessische.
Gemüsehändler in Frankfurt am Main

Fränkischer Macho: Außen gezackt und hart am Limit, innen aber weich wie das »b« im Stempel.

Schlüsseldienst in Fürth

Seit der Hersteller seine Gebrauchsanweisungen in Hessen schreiben ließ, sparte er viele »p«s, was ihn ermutigte, auch Krebbbabier und Babbblakate ins Sortiment aufzunehmen.

Kleiner Strich, große Wirkung

Bevor die Mutter wegfuhr, schrieb sie ihrem zwölfjährigen Sohn eine Mahnung auf: »Hör auf Lucy!« Lucy war seine vier Jahre ältere Schwester, die auf ihn aufpassen sollte. Der Junge nahm einen Stift und fügte der mütterlichen Anweisung einen winzigen Strich hinzu. Als seine Schwester sich später anschickte, ihn zu piesacken und herumzukommandieren, hielt er ihr den Zettel mit Mutters Handschrift vor die Nase. Lucy erschrak und ließ auf der Stelle von ihm ab. Denn auf dem Zettel stand klar und unmissverständlich: »Hör auf, Lucy!« Der Junge hatte beizeiten gelernt, die große Macht der kleinen Striche für sich zu nutzen.

Eventuell noch etwas gewöhnungsbedürftig: Wein, der nach Gummi schmeckt!

Café in Berlin-Wedding

Geh', in Gottes Namen!

Aber geh!

Aus einer Traueranzeige

Betroffen sind 250 Millionen Kinder.
Sie sind zwischen 5 und 15 Jahre alt.
Sie haben, nicht wie wir, Chancen auf Bildung.

Darum spenden Sie! Aber nicht für Afrika, sondern für uns, damit auch wir Chancen auf Bildung haben!

Handzettel einer Schule in Baden-Württemberg

Bei uns hat sich vieles geändert, schauen Sie doch einfach mal, in unsere neue Preisliste rein. Wir haben nicht nur unseren Service verbessert, nein, wir haben auch, für SIE als Kunden viel verbessert.

Geniesen Sie in Zukunft, ein ruhigeres Ambiente, ohne Stress und Hektik.

Anbei, haben wir auch ein ein kleines Anfahrtsmuster beigelegt, wie Sie zu uns kommen.

Um Parkplatzprobleme, dürfen Sie sich keine Sorgen mehr machen.

Vor allem, hat sich bei uns die Zeichensetzung geändert! Früher, wussten wir, nicht einmal wozu ein Komma da ist, heute, wissen wir es zwar immer noch nicht, haben aber, keine Scheu es zu setzen!

Werbung eines Kosmetikstudios in Edingen-Neckarhausen (Baden-Württemberg)

Studienrat Hornbacher hatte nur kurz angehalten, weil ihm aufgefallen war, dass auf dem Schild ein Komma fehlte. Ehe er es ergänzen konnte, explodierte sein Auto.

Schrebergarten in Stuttgart-Münster

Auf der Polizeiwache hatten sie dem gereizten Tankwart geraten, er solle sich beruhigen und erst mal 'nen Punkt machen, bevor er wieder jemanden anzeige.

Tankstelle bei Frankfurt am Main

Setzen Sie zwei Kommas, nehmen Sie einen unechten Nebensatz GRATIS dazu!

Bäckerei in Berlin-Schöneberg

Anders ausgedrückt: Liebling, das mit dem Backen solltest du besser bleiben lassen.

Aus einem »Edeka«-Prospekt

Auch der Umgang mit Binde- und Ergänzungsstrich will gelernt sein. Mal ist er überflüssig, mal taucht er an einer gänzlich unerwarteten Stelle auf ...

Fachgeschäft in Berlin

Einrichtungshaus in Landsberg am Lech (Bayern)

Kampfkunstschule in Schleswig (Schleswig-Holstein)

Eckernförde (Schleswig-Holstein)

Und mal fällt der Ergänzungsstrich gänzlich unter den Tisch:

> **Sandhausen.** (pol) Zu einer Rangelei zwischen einem betrunkenen Rad und einem Mercedesfahrer kam es am Mittwoch um 15.15 Uhr „Am Kantenbuckel". Der Radler regte sich über

Offenbar hatte das Rad ein paar Radler zu viel gehabt ...
»Rhein-Neckar-Zeitung«

Bärbel und Klaus waren alles leid: ihr Zuhause, ihre Bücher, ihre Ärzte, selbst ihre Kinder. Es war Zeit für einen kompletten Neuanfang.

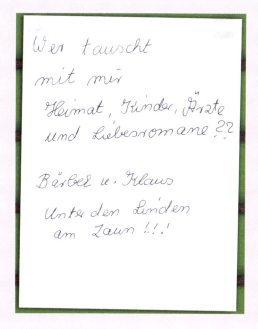

Campingplatz am Diemelsee (Hessen)

Trennungsschmerzen

Was immer man anzubieten hat:
Ob frische, nährstoffreiche Blumentopferde, wunderschöne alte Nachtischlampen oder hochwertige Schreibunterlagen: Es kommt nicht nur auf die Wortwahl an, sondern auch auf die Worttrennung. Und Trennungen tun manchmal ziemlich weh.

Dies Modell hat Konjunktur, denn Einhebel-Waschti hat Scharmatur!

Aus einem »Hornbach«-Baumarktkatalog

Und diese Pflanze ist die Wucht in Kübeln: Schau sich einer diese Arme an!

Aus einem Prospekt des »Praktiker«-Baumarkts

19.50 Der Komödienstadel 🎬 Heiratsfieber
Theater, D 1983 · Mit Gerhart Lippert, Maxl Graf, Max Grießer u.a.
21.45 Rundschau

Weil sich der letzte Bauernschwank als kompletter Reinfall erwiesen hatte, nahm Theaterdirektor Zwickel ein Stück ins Programm, das in Adelskreisen spielte.

Aus der Programmzeitschrift »rtv«

de, illustriert. Aufgewachsen ist er in Kelheim an der Donau. Dort suchte er sich schon früh zauberhafte Fluchtorte im Donaudurchbruch – magische Landschaften, die seine Phantasie beflügelten. **45 Min.**

Das Gegenteil vom Glückskeks.

Aus der Programmzeitschrift »tv 14«

Zu Behörset gehört natürlich auch ein Ahörset.
»Penny«-Markt in Braunschweig

Mit diesem praktischen 4er-Set können Sie Kugelsch reiben, bis Sie einen Reibkrampf bekommen!
»Netto«-Markt in Neuss

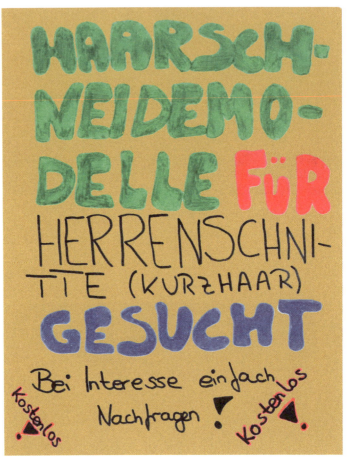

Frisörin Beate hatte immer noch die mahnenden Worte ihrer Großmutter im Ohr: »Nie unnötig Platz verschwende! Schreib immer bis zum Zeilenende!«

Eine Redensart besagt: »In der Not frisst der Teufel Fliegen.« Und der Räuber frisst offenbar Mäuse. Bevorzugt Gaumensch-Mäuse.

Lokal in Wien

Eine wortgleiche Übernahme ohne Autorennennung ist immer ein Plagiat. Was aber, wenn es keine

Bei einem Autorennen kann die Worttrennung schon mal ins Schleudern geraten.

Fundstück aus der Schlussredaktion einer überregionalen Wochenzeitung

Schmeckt wie Mamma

Wenn deftige Spezialitäten wie »Touristenblutwurst«, »Scharfe Bauern«, »Holzfäller in Scheiben« und »Kinderhackbraten« Sie nicht schrecken können, dann dürfte Ihnen bei den folgenden Angeboten das Wasser im Munde zusammenlaufen. Guten Appetit!

Fein abgeschmeckt mit Apfelshampoo, Antifaltencreme und einem Schuss Eau de Cologne ...

Handzettel einer Pizzeria in Obertshausen (Hessen)

PENNE	
ALLE PENNEN MIT 3 VERSCHIEDENE NUDELSORTEN	
37 Bolognese (Fleischsauce)	6,80 €
38 Napoli (Tomatensauce)	6,10 €
39 Alla Panna (Schinken Ramsauce)	6,60 €

Pasta nach Sponti-Art: Wer zweimal mit derselben pennt, gehört nicht in dieses Etablissement!

Speisekarte einer Pizzeria im Bezirk Feldkirch (Österreich)

Ein kleiner Schnupfen konnte den Wirt nicht davon abhalten, seine beliebte Nudelpfanne anzubieten.

Restaurant in Berlin

»Wir nehmen zweimal den Salat!«, sagte das weiße Kaninchen zur Kellnerin. »Mit extra viel Ködeln, bitte!«

Metzgerei in München

Seit Miss Muscheln in einer Pizzeria arbeitete, fühlte sie sich weniger mies.

Pizzeria in München

Links sieht man schon Opa kommen, der sich Omas Leber zurückholen will.

Weihnachtsmarkt in Halle an der Saale

Der Soßenkoch wusste: Gut gewürzt ist halb verdaut!

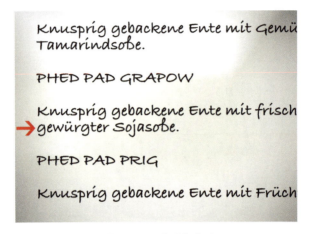

Von der Karte eines Restaurants in Wiesbaden

Ein sauberes Brötchen? Kein Problem! In diesem Laden ist alles wie geleckt!

Aushang einer Bäckerei in Fröndenberg (Nordrhein-Westfalen)

Davon kann man bekanntlich nie zu viel haben. Also langen Sie kräftig zu!

Angebot einer Fleischerei in Rudolstadt (Thüringen)

Die einen geben Muttermilch, die andren eben Buttermilch.

Am Gosausee in Österreich

Als es auf der Rennbahn nicht mehr so gut lief, wechselte »Brauner Blitz« in die Gastronomie.

Auf dem Viktualienmarkt in München

Gesundheit!
Plakat in Trogir (Kroatien)

Wer kennt sich mit Tieren aus?

Was wären wir Menschen ohne unsere tierischen Freunde? Ob quakende Biber, weise Sittiche oder vor Gericht ziehende Murmeltiere – mit Tieren lassen sich die schönsten Geschichten erzählen. Und auch die herrlichsten Missverständnisse erzeugen. Wie schnell zwei Arten wie Rind und Pferd verwechselt werden können, weiß man spätestens seit dem Skandal mit der Pferdefleischlasagne. In diesem Kapitel werden noch ganz andere Tiere verwechselt – und seltene Arten beschrieben, von deren Existenz wir bislang noch gar nichts wussten.

Die Rechnung der durchtriebenen Kühe war aufgegangen: Das Schild hatte die Pferde letztlich vergrault. Jetzt gehörte die Weide ihnen!

Velbert (Nordrhein-Westfalen)

Versteck <mark>Die Haselnuss verschläft die Kälte einfach</mark> in ihrem Nest – Proviant hat sie sich auch mitgenommen. Erst im Frühling treibt der Hunger sie wieder nach draußen

Mag die Haselnuss (oben im Bild doppelt zu sehen) die Kälte auch verschlafen: Die Haselmaus (darunter) wird sie rechtzeitig zum Frühlingsbeginn wachknabbern!

Aus der »Berliner Morgenpost«

Eine so offensichtlich zerstörerische Kraft wie die Schiffsbohrmuschel haben nur wenige Neobiota. Beim Waschbier zum Beispiel streiten sich die Experten darüber, ob er als invasiv zu beurteilen ist oder nicht. Aus Nordamerika stammend, wurde er schnell in Mitteleuropa heimisch, nachdem er aus Gehegen ausgerissen war oder ganz bewusst zur Jagd ausgesetzt wurde.

Das Abtippen der Worte »Schiffsbohrmuschel« und »Neobiota« hatte dem Redakteur einiges abverlangt. Darauf genehmigte er sich erst einmal ein Bier. Der Rest lief dann wie von selbst.

Von n-tv.de

Murmeltiere wieder vor Verwaltungsgericht

ABSCHÜSSE: Warten auf meritorische Entscheidung

»Zunächst brauchen wir einen Dolmetscher«, stellte der Richter fest. »Wer kann murmeln?«

Südtiroler Tageszeitung »Dolomiten«

AUS DEM POLIZEIBERICHT

Natter sonnte sich nur

Die Mittagssonne nutzte im Mannheimer Waldpark eine etwa einen Meter lange Schlange im Bereich des Stephanienufers. Erschreckte Spaziergänger riefen die Polizei. Unter der gebotenen Vorsicht nahmen die Beamten das Kriechtier in Gewahrsam. Ein Fachmann gab jedoch Entwarnung: Es handelte sich um ein großes Exemplar einer heimischen Natter. **Sie wurde am Fundort wieder auf freien Fuß gesetzt.**

Dort nahm sie die Beine in die Hand und machte sich Hals über Kopf davon.

»Rhein-Neckar-Zeitung«

Satellit 13 3sat

Wenn Tiere vom Aussterben bedroht sind, muss der Mensch nachhelfen. Die Frage ist, ob ein derartiges Eingreifen überhaupt gerechtfertigt ist. Mehr noch: Ge nicht für moderne Forscher, die die Evolutionstheorie maßgebliche Leittheorie akzeptieren, gerade auch das Aussterben von Arten zur natürlichen Entwicklung? Ur

Dieser Pflicht ist der Mensch stets mit großem Eifer nachgekommen, wie Dodo, Quagga und Riesenalk bestätigen können.

Videotext von 3sat

Schicker, 3½ jähriger brauner Wallach, sehr lieb mit Papieren, Stockm. 1,60 m, zugeritten, lern- und leistungswillig, nur in beste Hände abzugeben, (zur Turnierausbildung geeignet) Preis VS. Tel.: 0561/■■ ■■■

Wallach Wilhelm machte sich nichts aus anderen Pferden. Auch für Menschen hatte er nichts übrig. Das Einzige, wofür er sich begeistern konnte, waren Papiere.

Kleinanzeige aus dem »Extra-Tip« Kassel

Schon wird der Spaziergang am Flussufer zur Nachhilfestunde in Biologie.
Hinweisschild an der Donau bei Ulm

Ach, bei Ihnen quakt's mal wieder? Dann ist's sicherlich der Biber!

An einem Ortsausgang in Magdeburg

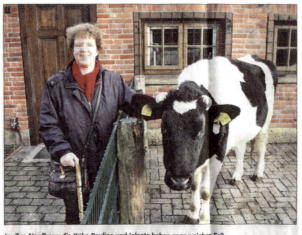

Im Zoo Nordhorn: die Kühe Pauline und Jolante haben ganz weiches Fell.

Pauline hat außerdem schöne kräftige Locken.

»Hallo Sonntag« (Niedersachsen)

Sattelschwein trifft Vierbeiner: Das Interesse scheint gegenseitig zu sein. VDL

Wer der Vierbeiner ist, ist klar. Aber wer von den drei anderen ist das Sattelschwein?

Ob Sie Ihr Kleintier nach den Ferien wiedererhalten, hängt vom Appetit der Piranhas ab.

Zoohandlung in Essen

Hier etwas Praktisches für den Fall, dass Ihnen mal der Kot ausgeht ...

Verpackung aus dem »Fressnapf«-Sortiment

Dackel Waldi fürchtete diese Gegend, denn er hasste es, an die Leine irgendwelcher Grundbesitzer gelegt zu werden, die er gar nicht kannte.

Salzachtal (Österreich)

Stufe drei des Seminars »Überwinden Sie Ihre Angst vor Hunden!«

Struth-Helmersdorf (Thüringer Wald)

Der Bürgermeister hatte schließlich eingesehen, dass er in Parks nichts verloren hatte. Also tat er dies öffentlich kund, liebevoll mit einem Hund verziert, denn ein Tierfreund war er außerdem.
Spillern (Österreich)

Bei der Verteidigung seines Reviers kannte Wachhund Hasso kein Pardon.
Hütte in Lungau (Österreich)

Dresden   Bestensee (Brandenburg)

Vermisst und zugeflogen! Leider handelt sich nicht um denselben Vogel, denn der eine ist weise, der andere bloß zahm. Tatsächlich handelt es sich nicht einmal um dieselbe Vogelart, wie man an der Endung erkennen kann.

Flora, Fauna und den Tieren stand das Wasser bis zum Hals. Doch was war mit den Pflanzen?

Philipp Balthasar Müller mit seinem **Pferde-fuhrwerk** um 1925.

Die Goldenen Zwanziger – als Pferde noch Hörner trugen.

»Gießener Allgemeine Zeitung« (Hessen)

Bei der Suche nach der verschwundenen Katze dauerte es nicht lange, bis man auf den Hund gekommen war.

Herbolzheim (Baden-Württemberg)

Nachricht von Gott

Man muss kein gläubiger Mensch sein, um zu sehen: Gott ist allgegenwärtig. Ob in Grußformeln, Wünschen oder Warnungen, Redewendungen, Sprichwörtern oder Zeitungsmeldungen: Gott hat seinen festen Platz in unserer Sprache. Und sei es nur, um uns daran zu erinnern, dass wir Menschen im Umgang mit der Sprache alles andere als perfekt sind.

Während die Katholiken noch vor sich hin brauen, schreiten die Protestanten bereits zur Tat:

BARSINGHAUSEN – Sie gehen ruhig durch die Kirche, lassen den Raum auf sich wirken, erzählen ihren Enkeln von ihrer Konfirmation oder sprechen ein stilles Gebet und zünden eine Kirche an – rund 1700 Gäste nutzten im vergangenen Jahr das Angebot, die Klosterkirche in Barsinghausen während der Öffnungszeiten zu besuchen.

»Evangelische Zeitung für die Landeskirche Hannover«

> **FÜRCHTE DICH, GOTT HAT DICH LIEB!**

Aus einer Traueranzeige

> **Gott wird noch einmal Vater**
> Die tschechische Schlager-Legende

»Augsburger Allgemeine«

> **Teufel spricht über Gott**
> Der ehemalige baden-württembergische Mi-

»Schwäbische Zeitung« Ravensburg (Baden-Württemberg)

Geheimtreffen mit dem Papst

Foto: "Vaticanpre

(rpa) Wie erst kürzlich seitens gut unterrichteter Greise des Vatikans bekannt gegeben wurde, kam es während des Besuchs von Papst Benedikt XVI. in Freiburg zu einer Begegnung mit hochrangigen Vertretern der Kolpingsfamilie (KF) Baden-Oos.

Zu wahr, um ein zufälliger Tippfehler zu sein.
»Ooser Bote« (Baden-Württemberg)

Traditionelle Ökonomie
Pfingstgottesdienst in Großhansdorf

Großhansdorf (am/das). Am Montag, 28. Mai, findet um 10.30 Uhr traditionell der ökumenische Gottesdienst im Innenhof der Wohn- und Rehastätte am Eilbergweg 22 in Großhansdorf statt. Musikalisch gestaltet wird der Gottesdienst vom Posaunenchor der Evangelisch-Lutherischen Kirchengemeinde Großhansdorf-Schmalenbeck. Sollte es regnen, findet der Gottesdienst um 11 Uhr in der Auferstehungskirche in der Alten Landstraße 20 statt.

Pfingsten, das Fest der Wirtschaft war gekommen ...
Wochenzeitung »Markt« (Schleswig-Holstein)

Schade! Dann sind wir wohl zu spät gekommen!
Evangelische Kirchengemeinde Berlin-Schmöckwitz

Auch Petrus legt Wert auf seinen Feierabend!
Geschäft im Ortsteil Paradies in Schlatt (Schweiz)

Im Jahre 1845 wurde die Bitte »Gott, lass Verstand vom Himmel regnen« endlich erhört und das Sachsenland mit Sinn geflutet:

Sat.1-Videotext

Einigen Sachsen war das offenbar nicht geheuer, und sie nahmen Zuflucht auf diesem Gefährt:

»Globus«-Baumarkt in Dresden

Bleiben Sie gesund!

Es gibt Neuigkeiten aus dem Reich der Medizin. Man solle »den Rücken nicht auf die leichte Schulter nehmen«, mahnte ein Experte in einem Gesundheitsmagazin. Ein anderer verlangte, bei der Gefäßchirurgie einen »beherzten Schnitt« zu machen. Und in der »Neuen Osnabrücker Zeitung« konnte man erfahren: »Ärzte und Pfleger schlagen Patienten«. Dabei ging es zum Glück nur um ein Boule-Turnier. Aber man kann ja nie wissen. Der Schmerz lauert schließlich überall. Zur Vorbeugung empfehlen wir im Folgenden einige schnell wirkende Scherzmittel.

Hier erfahren Sie, wo Sie günstig Schmerzen bekommen können:

Apotheke in Bonn

Und hier erfahren Sie, wie Sie sie wieder loswerden können:

- **Herpes:** Wattebausch mit Honig auflegen
- **Halsschmerzen:** öfter am Tag einen Löffel essen

Aus der Zeitschrift »Meine Freizeit«

Unwiderstehlich: Die bunte Mischung aus Erkältungshusten, Reizhusten und Raucherhusten. Keuchlich erhältlich!

Die Suche nach Hühneraugen und eingewachsenen Zehennägeln hat ein Ende!

Herrenberg (Baden-Württemberg)

Wenn der Ausschlag zweimal klingelt ...

Universitätsklinikum Hamburg-Eppendorf

> *Eine Bitte an unsere Patienten:*
>
> *Bei möglichen Zeitverschiebungen werden Sie bitte nicht ungeduldig. Diese sind bei Erbringung von medizinischen Leistungen im Sinne aller leider nicht unumgänglich.*

Ein Tipp für unseren Arzt: Bei Schwellungen des Ausdrucks helfen kalte Kompressen!

Arztpraxis in Fulda

Frankfurt (apn) ▪ 25 Millionen Bundesbürger haben eine Vielzahl teilweise kirchengroßer Ausstülpungen im Darm – meist ohne es zu wissen. Bei etwa einer haben Million – vor allem älterer – Menschen

In Fachkreisen auch »Darmdom« genannt ...

»Offenbach-Post«

Aeroxon Fliegenklatsche

Hersteller: <u>Aeroxon</u>
PZN: 1336883, nicht verschreibungspflichtig

Bitte konsultieren Sie ihren Arzt oder Apotheker vor der Einnahme von Aeroxon Fliegenklatsche.

Mancher hat sich nämlich schon daran verschluckt.
Angebot einer Online-Apotheke

Magnetrans® forte soll nach Ablauf des Verfalldatums nicht mehr angewendet werden.

Arzneimittel für Kinder unzulänglich aufbewahren!

Die Pharmaindustrie nutzt jede Möglichkeit, um Kinder frühzeitig auf ihre Produkte aufmerksam zu machen.
Beipackzettel eines Magnesiumpräparats

Sehr geehrter Herr M   ,
vielen Dank für Ihr Schreiben vom 22.05.12 mit dem Sie
auf die Seitenverwechslung des Fingers im Befundbericht hinweisen, da der linke Finger geröntgt worden sei,
wie auf dem Bild zu erkennen ist. Hierzu möchte ich darauf hinweisen, dass auch auf den Röntgenaufnahmen
Seitenverwechslungen leicht möglich sind, da auch hier
rechts und links auf den Plaketten leicht vertauscht
werden können.
Sie hatten nach der Röntgenuntersuchung eigenständig
die Klinik verlassen, somit hat Herr Dr.   den Befund ohne nochmaliges Sehen Ihrer Person geschrieben,
so dass hier eine Seitenverwechslung durchaus möglich
ist. In Ihrem Beisein wäre dies sicherlich nicht passiert.
Rechts-Linksverwechslungen sind im Alltag sehr häufig,
so dass man hier besonders acht geben muss. Bei Operationsplanungen erfolgen daher bei uns mehrere
Sicherheitskontrollen mit wasserfester Farbstoffmarkierung am wachen und ansprechbaren Patienten. Somit
vermeiden wir Seitenverwechslungen, diese sind jedoch
immer möglich und problematisch, ==interessanterweise
gibt es beim Menschen nur Rechts-Linksseitenverwechslungen, Verwechslungen zwischen Armen und
Beinen passieren praktisch nie.==

Ich lege Ihnen daher einen korrigierten Behandlungsbericht als Anlage bei.

Mit freundlichen Grüßen

Aus einem Schreiben der Orthopädie eines Kölner Krankenhauses

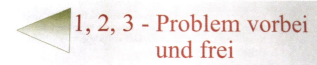

1, 2, 3 - Problem vorbei und frei

Sprühen Sie strapazierte Haut und müde Gelenke einfach weg!
Freuen Sie sich über gesunde Haut und frische Gelenke.

Darauf hätte man schon viel früher kommen können: den Verschleiß einfach wegsprühen! Ausreichend Säure in einen Sahnesiphon geben, gut schütteln, und los!

Aus einer Werbung für »Dr. Hittich Gesundheits-Mittel«

Sehr geehrte Kunden!
Wir möchten Sie bitten aus hygienischen Gründen die Leergutbons nicht in den Mund zu nehmen!
Vielen Dank!

Da ist die Welt noch in Ordnung!

Man sollte meinen, die Zeiten des Beleckens von Marken seien lange vorbei, aber von manchen Gewohnheiten lässt der Mensch eben nie.

Aushang in einem Getränkemarkt in Lahnstein (Rheinland-Pfalz)

Im Land der Dichter und Stänker

Manche behaupten, die deutsche Kultur stehe am Abgrund. Andere wähnen sie bereits einen Schritt weiter. Die Exponate der folgenden Ausstellung zeugen vom genauen Gegenteil: Ungebrochen treibt unsere Kultur die prächtigsten Blüten, und die Klassiker aus Literatur, Musik und Kunst genießen eine solche Popularität, dass sie kaum wiederzuerkennen sind.

SCHULMINISTERIUM.NRW.DE
Materialdatenbank

Schulministerium ▸ Standardsicherung ▸ Materialdatenbank

Material suchen	Materialdatenbank · Materialliste
Material eingeben	
Material bearbeiten	**Theodor von Tane: Die Brücke am Tay**
Informationen/Hilfe	Jahrgangsstufe 7/8 (schriftlich) – Realschule, Aufgab
Redakteure - Login	auseinandersetzen (Perspektive wechseln)

Theodor von Tane: Schriftsteller, Kritiker, Journalist, mutmaßlicher Urgroßonkel des Politikers Oskarla von Tane

Von der Website des nordrhein-westfälischen Schulministeriums

19:30 - 22:35
ONKEL WANJA
VON ANTON TSCHECHOW. REGIE: ANDREAS KRIEGENBURG

20:00 - 21.45 | 19:30 EINFÜHRUNG | ZUM 25. MAL
DER SCHIMMELEITER NACH DEM ROMAN VON
THEODOR STORM. REGIE: JORINDE DRÖSE

20:00 - 22:00 | ZUM LETZTEN MAL
VATERTAG
VON FRANZ WITTENBRINK

»Das kann ja Eiter werden!«, sprach der Doktor, als er den Schimmel besah.

Aus dem Spielplan der Hamburger Theater

Wie »stern.de« enthüllte, hatte Mario Adorf vor der »Blechtrommel« bereits in einem anderen Werk von Günter Grass die Hauptrolle gespielt.

In Volker Schlöndorffs hoch gelobter Günter-Grass-Verfilmung "Die Brechtrommel" spielte er 1979 den Vater Alfred Matzerath, einen einfältigen, aber gutmütigen Nazi. Der Film wurde mit dem Oscar als bester fremdsprachiger Film ausgezeichnet

Als der Erfolg der singenden Hühner nachließ, zog der Produzent der Muppet-Show prompt die Konsequenzen:

Musik

Konzertgeflügel (klein), gebraucht, guter Zustand, 5.900 € VB, Tel. 0178-

Anzeige aus der Völklinger Wochenendzeitung »Die Woch« (Saarland)

Tatsache ist, dass Karl May weniger auf Tour war als seine ausgedachten Helden.

DOKU & REPORT

19.30 ZDF

Karl May – Das letzte Rätsel

PORTRÄT Einst armer Webergeselle, stieg Karl May (1842 – 1912) zu einem der erfolgreichsten deutschen Schriftsteller auf. Experten erklären die Methoden des Autors von „Winnetour", erstellen ein Psycho-Profil. In Spielszenen (Foto) werden sein Leben und seine Romane lebendig. **45 Min.** 26-224

Aus der Programmzeitschrift »TVpur«

Kritik an Wasserversorgungskonzert

Die Vorstellung des Wasserversorgungskonzepts „Mittlerer Main-Tauber-Kreis" stieß beim Gemeinderat Werbach auf Kritik. Die Räte fühlen sich unter Druck gesetzt. ▶ **Seite 18**

Die Zusammenlegung von Stadtwerken und philharmonischem Orchester hatte leider nicht den erwünschten Erfolg gebracht.

Aus den »Fränkischen Nachrichten«

Erstmals wird Puccinis »Tosca« in voller Länge gezeigt!

DEUTSCHLANDRADIO KULTUR: 15.05 Deutschlands einzige Ölbohrinsel liegt in der Nordsee; 16.05 Religionen; 17.05 OrtsZeit; 17.30 Marlen Diekhoff liest aus „Sturmflut" von Margriet de Moor; 18.05 Der Siegeszug der Ndrangheta, Feature; 19.05 Chor und Orchester der Metropolitan Opera New York, Solisten: Giacomo Puccini „Toscana", Oper in drei Akten; 22.30 Martin Seifert liest aus „Naomi oder Eine unersättliche Liebe" von Junichiro Tanizaki; 23.05 Fazit

Aus der »Leipziger Volkszeitung«

Der studierte Jurist Ludwig von Köchel (1800–1877), der das bedeutendste Verzeichnis der Werke Mozarts erstellte, verfasste auch mineralogische Studien. Über seine Errungenschaften in der Anatomie und Alkoholherstellung war bisher allerdings nichts bekannt.

„Das Knöchelverzeichnis – ein Mineraloge erntet Weltrum", dies ist das Thema des nächsten Musikclubs am 1. März, dem sich der Chemnitzer Musikverein das langjährige Präsidiumsmitglied der Deutschen Mozartgesellschaft, Dr. Hansjörg Franzius, eingeladen hat.

Aus dem »Blitzpunkt« Chemnitz

In Mannheim war man der Schwäne und Drachen überdrüssig geworden. Es war Zeit für eine grundlegende Neuinterpretation der Wagner'schen Werke.

> Nibelungenstadt. Unter dem Titel „Denk mal an Wagner" präsentieren 30 internationale Künstler ihre Werke. Unter ihnen sind klangvolle Namen wie Achim Freyer, der in Mannheim derzeit Wagners „Rind der Nibelungen" inszeniert und Bühnenentwürfe zeigt, sowie Ottmar Hörl , der 2004 in Bayreuth mit seinen Wagnerhunden für Aufsehen sorgte. Wer mehr über die Künstler

Aus dem »Wiesbadener Kurier«

Anstelle einer Bilanz zum Thema Ignoranz kommt hier ein klarer Satz wider die Ignoratz:

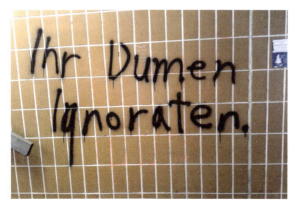

Bahnhofsunterführung in Zirndorf (Bayern)

Am stillen Orte

Mathematiker nennen es »3,14 machen«. Chemiker gehen »das Stickstoffproblem lösen«. Steuerberater setzen »die Mehrwertsteuer ab«, und Geschäftsleute machen einen »Bio-Break«. Das berühmte dringende Bedürfnis führt zu immer neuen Erfindungen in der Wörtlichkeit. Die Örtlichkeit hingegen gestaltet sich nach wie vor eher nüchtern. Was es im Einzelnen zu beachten gilt, besprechen wir am besten in aller Ruhe bei einer Tasse Kaffee und einem Stück Kuchen auf einem Rundgang durch die Keramikabteilung.

Die neue Version des »All-inclusive«
Aushang am Kurhaus in Baden-Baden

Kaum ein Aspekt unserer Kultur ist so relevant wie der Toilettenbesuch. An manchen Orten wird er zu einer regelrechten Kulthandlung erhoben.

Pinkafeld (Österreich)

Andernorts führt die Kombination aus Kino und Toilette zu einem gesteigerten Erlebnis.

Radebeul (Sachsen)

Tatsächlich erfreuen sich Toiletten solcher Beliebtheit, dass einige Unternehmen sogar schon Sonderfahrten anbieten.

Schild am Aufzug in einer »Kaufhof«-Filiale in München

Selbst in Dortmund-Hörde kann man jetzt eine solche Einrichtung bestaunen. Wie man jemals ohne auskam, davon weiß der Seniorenbeirat bestimmt manch anregende Geschichte zu berichten.

»Ruhr-Nachrichten« (Nordrhein-Westfalen)

Gern servieren wir Ihnen dabei aber auch Speisen und Getränke!
Gaststätte in Potsdam

Hier scheint vor allem die Rechtschreibung verstopft.
Freizeitheim bei Hayingen (Baden-Württemberg)

Tun Sie etwas für Russlands Umwelt!
Öffentliche Toilette in Baden-Baden

Auch Deutschland ist von Papierverschmutzung betroffen, insbesondere die Anwohner dieser Straße:

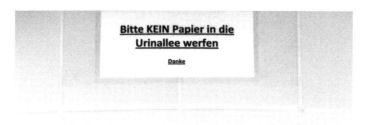

Toilette in der Münchner Stadtbibliothek

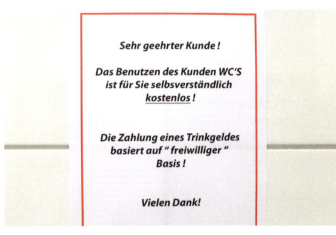

Natürlich zahle ich »freiwillig«! Sofern Sie auf meinen »50-Euro-Schein« herausgeben können!

Einkaufszentrum in Hamburg

»Tolle Aktion!«, rief Rita Harnreiter begeistert, »echt super! Da mach ich sofort mit!«

Gebrauchtwarenhandel in Leipzig

In der Stadtverwaltung Coswig wunderte man sich über die zahlreichen Karten mit Genesungswünschen, die allesamt an ein öffentliches WC gerichtet waren.

Coswig (Sachsen)

Wir sind Deutschland, wir sind am Leben, wir sind Papst (nun ja: gewesen), wir sind mal dies, wir sind mal der, und wir sind bestimmt bald wieder Weltmeister, aber:

Deutsch oder Englisch?

Englisch bereichert unsere Sprache, es inspiriert uns, berührt uns – und verwirrt uns. Ob Englisch die deutsche Sprache eines Tages verdrängen wird, ist hard to say. Before es aber dazu kommt, findet something different statt, und das ist really spannend: der Vermix of beide Sprachen!

Imbiss in Landstuhl (Rheinland-Pfalz)

Münchner Biergarten

Diese Daunen sind ganz schön heruntergekommen, nicht nur im Preis!

Modegeschäft in Ludwigsburg (Baden-Württemberg)

Berufskleidung für Agenten: Trenchcoats mit Geheimcodes.

»Peek & Cloppenburg« in Weiterstadt (Hessen)

Da möchte man mit Wencke Myhre singen: »Er hat ein knall-beiges Freizeitboot ...«

Aus einem »Bauhaus«-Prospekt

Seit Kurzem bietet dieses Modegeschäft auch Schreibwaren an. Der aktuelle Renner sind »Heiße Stifte«.

»C&A« in Augsburg

Eigentlich hatte Robert geplant, nach dem Abitur in See zu stechen, genau wie in dem Lied »Sail away«. Doch die Segelpartie geriet zum Ausverkauf, und am Ende fühlte Robert sich verramscht.

> **Sale away Robert!**
> Wir gratulieren Dir
> zum bestandenen Abitur.
>
> *Auf neuem Kurs*
> ins Studium wünschen
> wir Dir von Herzen das Beste.
>
> Deine Familie

Anzeige in der »Rhein-Zeitung« (Rheinland-Pfalz)

Schlangen in den Supermärkten und an den Bankautomaten. Vor dem Haus seiner Eltern wird der Schießstand abgerissen und ein Grenzübergang gebaut. Vom Fenster aus sieht Häger zu, wie die neuen Mitbürger mit Kehrpaketen voller Bananen, Kaffee und Schokolade versorgt werden. Die

Bananen, Kaffee, Schokolade und was man sonst noch zur Rettung der Berliner eilig zusammengekehrt hatte.

»DIE WELT Kompakt«

Wer reitet so spät durch Nacht und Wind?
Ihr glaubt wohl, der Vater mit seinem Kind?
Schaut besser hin, es wird doch schon heller:
Der Gostreiter ist's – mit einem Bestseller!

> **Gostreiter schreibt jeden Text für Sie.**
> Tel.: 0160 -

Anzeige in der »Welt am Sonntag«

Gewitzt und erfahren zu sein, genügt oft nicht mehr. Selbst als Oberschlauer ist man nicht mehr ausreichend qualifiziert.

> **Superweiser/Teamleiter**, m/w, mit Erfahrung für den Hotelbereich ges., Bew. unter: 0176-

Anzeige im Karrieremagazin der »Berliner Morgenpost«

Arielle konnte ihr Glück nicht fassen: Endlich hatte sie ein Geschäft gefunden, das Mode für Meerjungfrauen führte.

Einzelhandel in Kaiserslautern

Vor Lachen über diesen Joke konnte sich Mick Jogger gar nicht wieder beruhigen.

Discounter in Wien

Diese leckeren Wraps inspirieren zu einem Rap-Song.
Bäckerei in Niestetal (Hessen)

Bei vielen Menschen sehr beliebt ist der Gemüse-Dip.
Wer nicht weiß, was das ist, ist logischerweise ein ...

Wochenmarkt in Bielefeld

Wer, wie, was?

Man soll nicht alles glauben, was in der Zeitung steht, heißt es. Und das aus gutem Grund, denn manche Meldung ist zu wirr, um wahr zu sein. Die Aufgabe von Reportern besteht darin, Personen und Ereignisse in eine verständliche Beziehung zueinander zu setzen. Doch nicht selten sind sie schon mit der Beziehung zwischen Subjekt und Objekt überfordert.

FESTNAHME

Einbrecher stiehlt Tresor aus Büro

Erst im März aus der Untersuchungshaft entlassen, ist ein 35-jähriger Mann in der Nacht zum Mittwoch erneut festgenommen worden. Laut Polizei war er gegen 0.30 Uhr in Bocklemünd in ein Bürogebäude eingebrochen. Ein Wachmann rief die Polizei. ==In einem Gebüsch fanden die Beamten den Firmentresor. Er wurde einem Haftrichter vorgeführt==. *(ts)*

Der Richter konnte das gute Stück zwar auch nicht knacken, aber dafür verknacken.

»Kölner Stadt-Anzeiger«

Danach ging alles ganz rasch. Der Mann zwang die Angestellte, seinen Befehlen zu folgen. ==Die Beute, Geldscheine aus der Kasse, genau 353 Euro, stopfte er in eine Brottüte – und verschwand. Das Münzgeld hatte er zurückgelassen.==

Der falsche Drei-Euro-Schein sollte dem Täter später zum Verhängnis werden.

»Pfälzische Volkszeitung«

Polizeihund beißt Benzindieb in den Po

■ **Bünde.** Junge Männer haben am Wochenende in Bünde getankt, ohne zu zahlen. Die Polizei machte die Täter ausfindig. Sie wollten flüchten. Während einem dies zu Fuß gelang, endete die Flucht für den anderen schmerzhaft: Er wurde von einem Diensthund gestellt, gebissen, festgenommen – und im Krankenhaus ambulant versorgt.

Der Erste-Hilfe-Kurs für Polizeihunde macht sich bezahlt!
»Neue Westfälische«

Vom eigenen Hund schwer verletzt

FRANKFURT (ODER) - Ein 76-Jähriger ist von seinem eigenen Hund schwer verletzt worden. Mitarbeiter der Müllabfuhr hatten den Mann am Montagvormittag im Frankfurter Ortsteil Booßen mit Bissverletzungen im Gesicht und an den Unterarmen entdeckt. Da der Schäferhund niemanden an den am Boden liegenden Mann heranließ, alarmierten sie die Rettungskräfte. ==Die Feuerwehr fing den Hund ein, anschließend brachte ein Krankenwagen den Mann in eine Klinik. Jetzt wird entschieden, ob er eingeschläfert wird.== *dapd*

Auf Drängen des Hundes wurde von einer Einschläferung des Rentners abgesehen.

»Tagesspiegel«

> **Unfall**
> ## Ohne Führerschein Auto gerammt
> Eine 34-Jährige ohne Führerschein hat Mittwoch ohne erkennbaren Grund in der Pichelsdorfer Straße in Spandau einen geparkten Audi gerammt. Er kam verletzt in eine Klinik. *pol*

Chefarzt Dr. Schrottmeyer stöhnte: »Schon der vierte verletzte Audi diese Woche!«

»Berliner Morgenpost«

> **2. Melden Sie in der Schule, wenn Ihr Kind Läuse hat.** Falsche Scham oder leichtfertiges Übergehen sind hier unangebracht. Jeder kann Läuse bekommen. Manchmal hat man sogar den Eindruck, Läuse suchen sich bevorzugt Kinder mit wunderschönen, gepflegten Haaren aus. Nach dem Infektionsschutzgesetz sind sie auch dazu verpflichtet.

Und im Gegensatz zu vielen Menschen halten sich die Läuse an ihre Verpflichtung!

Mitteilung einer Grundschule in Oberpfaffenhofen (Bayern) an die Eltern

```
 << 01  02                                          >>
 P166   166   ARDtext Mo 27.08.12   14:07:49
                        Nachrichten für Kinder

Erster Mensch auf dem Mond gestorben

Auf einem Stern am "Walk of Fame" in
Hollywood sind Trauerblumen aufgestellt
worden. Ein berühmter Mann ist gestor-
ben. Sein Name war Neil Armstrong.
```

Damit war der Traum vom ewigen Leben auf dem Mond geplatzt.

ARD-Videotext

Auf der Erde hingegen scheint das Leben nach dem Tod noch weiterzugehen:

Schießerei im Rotlichtviertel

Hannover (mt). Ein 43-Jähriger wurde gestern bei einer Schießerei im Rotlichtviertel von Hannover getötet. Wenig später stellte er sich der Polizei. **Seite 19**

»Mindener Tageblatt« (Nordrhein-Westfalen)

> Bei den beiden Toten in dem Wohnmobil in Eisenach handelt es sich nach Polizeiangaben um zwei Männer im Alter von 34 und 38 Jahren. Die beiden sollen zusammen mit einer Frau in einer Wohnung gelebt haben, die wenige Stunden nach dem Banküberfall vom Freitag explodiert war. Nach der bislang noch nicht identifizierten Frau wird gefahndet.

Da sie zuvor explodiert war, werden der Fahndung nach der Frau allerdings keine großen Chancen eingeräumt.

stern.de

> WASHINGTON. Cassidy Cartwright hatte gerade noch einmal Glück. Das 10-jährige Mädchen wurde von einem Hai attackiert. In einer Notoperation konnten die Ärzte sein Bein retten.

Die gute Nachricht: Der Hai kann wieder laufen!

»20 Minuten« (Schweiz)

> "Die Mutter zog dann sehr sehr mutig die Schlange von ihrem Kind weg", sagte Tillis weiter. Der Schlangenfänger war voller Bewunderung für die Mutter. "Sie hat die Nerven behalten", sagte er dem Rundfunksender "ABC". "Sie wollte dem Tier nichts Böses und bestand darauf, dass wir es nur fünf Kilometer von ihrem Haus entfernt wieder aussetzen."
>
> **Kleinkind in Krankenhaus gebracht**
>
> ==Nach seinen Angaben wollte der Python das Kind nicht fressen. Vielmehr habe er sich einen gemütlichen Platz zum Aufwärmen gesucht.==

Nach diesem verstörenden Zwischenfall hat sich der Python aus der Öffentlichkeit zurückgezogen und schreibt an seinen Memoiren.
welt.de

> Dabei wurde praktisch jeder Baum und jeder Strauch begutachtet und darüber informiert, was gefällt werden kann und was nicht. Bei den Pappeln gab es keine Einwände, die wegen des neuen Park-Konzepts weichen mussten.

»Wir haben vollstes Verständnis«, sagten die Pappeln einhellig. »Was weg muss, muss weg!«
»Hofheimer Zeitung« (Hessen)

Das gibt's nur hier!

Kein Tag vergeht, an dem wir nicht mit Werbung bombardiert werden. Von allen Seiten hagelt es Knüllerangebote zu Hammerpreisen. Der wahre Knüller ist aber oftmals gar nicht der Hammerpreis, sondern die behämmerte Form der Anpreisung. Auf den folgenden Seiten hagelt es daher Angebotskracher in preisverdächtiger Hammerschreibung.

Dass der Western-Look etwas für Trottel sei, wird von diesen Stiefeletten stilvoll bestätigt.
»Schuh Smart«-Prospekt

Antialkoholiker können beruhigt sein: Schnapsrückstände wurden weitestgehend rausgekämmt.
Katalog des Schweizer Versandhandels »Angela Bruderer«

»Verehrte Kunden, in unserer Süßwarenabteilung finden Sie ab sofort auch Schießbudengewehre und Luftdruckpistolen.«
»Marktkauf« Gütersloh (Nordrhein-Westfalen)

Ein Festiger für alle, bei denen die natürliche Scham zu locker sitzt.

»Marktkauf« Herford (Nordrhein-Westfalen)

Sie geben als Mann eine schlaffe Figur ab? Kein Problem, auch dafür gibt es die passende Mode!

Modegeschäft in Krefeld

Es gibt Umhängetaschen aus recycelten Fahrradschläuchen und Trainingsjacken aus recycelten Plastikflaschen. Wer sollte sich da wundern über Teppiche aus recycelten Schuhen?

Teppichhändler in Wien

Wenn Sie bis hierher noch nicht bedient waren, dann sind Sie's jetzt!

Getränkemarkt in Wörrstadt (Rheinland-Pfalz)

Passend für Dativ und Akkusativ!

Modegeschäft in Westerland auf Sylt

Quadratisch, praktisch, ... rund!

Aus dem »Toom«-Markt in Hamburg

Dank dieser robusten Radsportbrille können Radsportler jetzt auch tagsüber im Dunkeln trainieren.

Werbetafel in einem Dortmunder Sportgeschäft

Sie sind es leid, sich auf fremden Polstermöbeln hochschlafen zu müssen? Gönnen Sie sich Ihre eigene Sitzgarnitur und schlafen Sie sich gemütlich zuhause bis ganz nach oben!

Prospekt eines Möbelhauses in Stadthagen (Niedersachsen)

Unentbehrlich für alle Männer, die im Haushalt gern selbst Hand anlegen.

Aus einem »Aldi«-Prospekt

Amtlich

Manches von dem, was man an Mitteilungen, Warnungen und Empfehlungen liest, ist so unglaublich und haarsträubend, dass man es für einen Scherz halten würde – wäre es nicht von Bund, Ländern oder Kommunen unterzeichnet. Und die verstehen bekanntlich keinen Spaß. Werfen wir im Folgenden einen bundesweiten Repu-Blick über weiße und weniger weise Hinweise.

Die Gemeinde rät: Vor diesen Kindern nehme man sich besser in Acht!

Berlin-Lichterfelde

Niemand hat die Absicht, eine Mauer zu errichten?
Das Land Brandenburg schon!

Wollen Sie auch einmal politisch verfolgt werden?
Dann stellen Sie noch heute Ihren Antrag!

Im Bestreben um geschlechtsspezifische Ausgeglichenheit verbiegt man sich schnell den Mund, wenn nicht gar die Mündin.

Vormund/ Vormünderin

Dienststelle:	Bezirksamt Neukölln von Berlin Abteilung Jugend
Laufbahn:	Allgemeiner nichttechnischer Verwaltungsdienst
Bezeichnung der Stelle:	Vormund/ Vormünderin Amtsrat/ Amtsrätin (1,0)
Besoldungsgruppe:	A 12
Besetzbar:	sofort
Kennzahl:	4040-V
Vollzeit/Teilzeit?	Nur Vollzeit
Arbeitsgebiet:	- Rechtliche Vertretung von Mündeln und Pfleglingen im Innen- und Außendienst. Hierzu gehören insbesondere - Entscheidungen über den Aufenthaltsort der Minderjährigen, Entscheidungen über die Art der Unterbringung

berlin.de

Nicht zu empfehlende Umschreibung einer empfohlenen Umleitung.

Gütersloh (Nordrhein-Westfalen)

Außerdem gefördert durch: Deutcher Rechtschreibrad
Eisenach (Thüringen)

Was die Bundesregierung unter Zukunft versteht ...
Weimar (Thüringen)

Wäre das Schild blau, wär's ein Hinblau.
Köln-Lindenthal

Ein Fall fürs Rechtschreibtrebühnal!
Timmendorfer Strand (Schleswig-Holstein)

Parlez-vous français?

Französische Wörter zeugen von Esprit und Charme und gelten als bereichernde Accessoires unserer Sprache. Für manche sind es auch Assessoirs oder Assessouarts. So kocht sich der eine sein Ratatui, während sich der andere die Finger nach Musococolade leckt. Wir haben für Sie ein Pottburry aus den köstlichsten Zutaten aller Kart zusammengerührt. Bon appétit!

Manche bestellen à la carte, andere nach Gehör.
Köln

Burg auf Fehmarn (Schleswig-Holstein)

Hüftsteak von Grill mit Kartoffeleck und Cimichurrisause	€ 9,50
Rumpfsteak mit kriolische sause und Bratkartoffel	€ 12,50
Lahmkotlett im Knoblauchkruste, Ratatue und Rosmarinkartoffel	€ 11,50

Das Kotelett ist möglicherweise etwas lahm, aber die Beilagen machen das locker wieder wett.

Restaurant in Frankfurt

Speiseplan vom 24.05. - 28.05.2010

An Pfingstmontag bleibt unser Geschäft geschlossen
Wir wünschen einen schönen Feiertag

Puten-Gemüse-Curry mit Risotto	5,40	Forelle "Müllerin" mit Salzkartoffeln	5,40
Blumenkohl mit Kochschinken überbacken dazu Petersilienkartoffeln	4,90	Hausmacher Sülze Sauce "Wieni Great" mit Bratkartoffeln	4,90
Spargel mit Kochschinken, Hollandaise dazu Rosmarienkartoffeln	5,50	Kotelett mit Rosenkohl und Bratkartoffeln	5,90

Die Vinaigrette ist leider aus, doch zum Glück gibt's etwas Ähnliches.

Kartoffel Kretin

6-7 mittelgroße, festkochende Kartoffeln
1 Becher creme Fraish oder saure Sahne
1 Becher süße Sahne oder etwas Milch
Pfeffer, Salz und Muskatnuss zum Abschmecken
Eventuell ein Ei, Speck und eine kleine Zwiebel.

Hier ist Spaß kretiniert!

Aus einem Internet-Kochbuch

Für die Zubereitung einer Béchamelsoße fehlten Butter, Milch und Sahne. Allein ein Becher Mehl war noch vorhanden. Also musste der Koch improvisieren.

Kantine eines Krankenhauses in Gießen (Hessen)

Modische Accessoires können überaus vielfältig ausfallen, das zeigt sich bereits in der Schreibweise des Wortes. Im almenberauschten Zustand präsentiert es sich so:

München

In Nordrhein-Westfalen fand man, dass das Wort erst mit einem Apostroph richtig schick wird!

Herford (Nordrhein-Westfalen)

Hier bedarf es ganz offensichtlich einer Erklärung des Wortes »Eclair«.

Kiosk am Berliner S-Bahnhof Westkreuz

Zuschauen muss aber erlaubt sein, warum hieße es sonst »Voyeur«?

Aushang im Foyer der Sport- und Kulturhalle in Gomaringen (Baden-Württemberg)

Open Air mit
Fünf musikalische
bezaubernde Säng
Erfolgsrezept von
Das Repertua der
Michael Jackson b

Zum Erfolgsrezept dieses Open-Air-Festivals gehört besonders die mutige Loslösung vom traditionellen Repertoire.

Werbung einer Kneipe in Vreden (Nordrhein-Westfalen)

ein Werkelmann werden! Doch Oliver ist auch Komponist – seine beseelte Musik allerdings stammt nicht aus der Retorte. Denn um ein Lied erklingen zu lassen, muss der 36-Jährige erst Loch um Loch in den Karton stanzen. Oder auch in Blechscheiben oder auf Holzstiftwalzen. Dann hat der letzte hauptberufliche Musiker seines Chambres aber auch passende Melodien für jeden Anlass.

Als hauptberuflicher Schlafzimmermusiker ließ sich Komponist Oliver keinem bekannten Genre zuordnen.

»Kronen Zeitung« (Österreich)

Durch konsequente Weiterentwicklung des Designs gelang es dem Hersteller, seine Lampions Speisepilzen immer ähnlicher werden zu lassen.

Produktverpackung eines saarländischen Einzelhändlers

Psychologische Studien belegen, dass arrogantes Verhaltes oft auf prägende Erfahrungen in der Kindheit zurückgeht.

»Hello Kitty«-Verpackung (Frankreich-Import)

Willkommen im Erregungsland

Falls Sie von den orthografischen Missständen in unserem Land niedergeschmettert sind, dann gönnen Sie sich einen kleinen Urlaub. Das wird Sie auf andere Gedanken bringen. Denn nirgends ist der Umgang mit der deutschen Sprache so einfallsreich und ausgefallen wie im Ausland.

Die deutsche Sprache gilt als schwierig. Zu Recht. Manchmal ziert sie sich, manchmal spielt sie die Beleidigte, und manchmal kommt sie erst angetanzt, nachdem sie mehrmals energisch dazu aufgefordert wurde.

Eingang zu den Calixtus-Katakomben in Rom

So erregend war Urlaub lange nicht mehr!
Le Creusot (Frankreich)

Um die permanente Einmischung deutscher Urlauber in die örtlichen Bauarbeiten zu unterbinden, waren schließlich Schilder nötig geworden.
Teneriffa

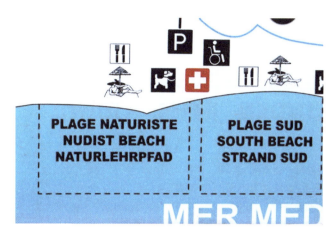

Die Franzosen verstehen es, den Besuch auf dem Nackedei-Strand zu einem Bildungserlebnis werden zu lassen.

Torreilles (Frankreich)

Dass Briten prüde seien, ist ein längst überholtes Vorurteil. Selbst auf dem Parkplatz vor Schloss Windsor geht es mittlerweile äußerst locker zu.

Nun ein paar Sicherheitshinweise:

ANWEISUNGEN FÜR DIE KUNDEN BEIM BRAND

WANN MAN DEN PORTIER BENACHRICHTIGEN MUSS
1) Sobald man einen Rauchfaden merkt;
2) Sobald man verbrannt riecht;
3) Sobald man einen Brandanfang sieht.

Bei Zweitens könnte es allerdings bereits zu spät sein.

Catania (Italien)

:ондиционер приостанавливает работу!

 ACHTUNG!
Bei Eröffnung der Terassentür
hängt die Klimaanlage seine Arbeit auf!

Die Eröffnung der Terrassentür sollte groß gefeiert werden. Nur die Klimaanlage war dagegen und drohte mit Boykott.

Urlaubshotel am Sonnenstrand in Bulgarien

Dieser Hinweis entstand nach dem Vorbild von Sinnsprüchen aus chinesischen Glückskeksen:

Precaución / Caution / Vorsicht

Recuerde, transitar por el medio
natural conlleva riesgos.
Ud camina bajo su responsabilidad.
Sea prudente.

Remember, pass through natural areas implies
hazards.
You walk under your own risk.
Be wise.

Erinnern Sie sich, zu Verkehr, denn die
natürliche Mitte hat Risiken.
Sie gehen unter ihrer Verantwortung.
Seien Sie weise

Wanderweg auf Teneriffa

Im Zweifelsfall benutzen Sie lieber den Seitenausgang!
Marco-Polo-Flughafen Venedig

In ländlichen Gegenden Italiens wird das dort heimische Eishörnchen (it. »cornetto«) häufig zur Übermittlung von Nachrichten eingesetzt. Dazu wird es zunächst von seinem Haken gelöst.

Sacrofano (Italien)

Der lange Schatten der Geschichte: Noch immer werden Deutsche mit dem Führer in Verbindung gebracht.

Straßenbahn in Krakau (Polen)

In spanischen Restaurants gilt nicht nur absolutes Rauchverbot, sondern außerdem das Gesetz von Snuff!

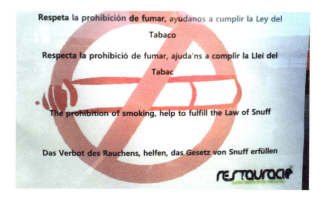

Palma de Mallorca

»Eigentlich kann ich nicht mehr«, gackerte Henne Helene, »aber dieser Spinat ist einfach zu köstlich! Nanu, was will denn der dicke Koch mit dem Messer?«

Hotel in Makadi Bay (Ägypten)

Bequemes Sitzen beim Essen erleichtert die Verdauung!

Hotel in Port El Kantaoui (Tunesien)

Nicht jedes Restaurant kann es sich leisten, echten Stierhoden auf die Karte zu setzen.

Restaurant in Puerto de la Cruz (Teneriffa)

Falls Sie lieber eine deutsche Speisekarte einsehen wollen, sollten Sie etwas Zeit einplanen, denn die muss erst herbeigeschafft werden.

Restaurant in Brüssel

Vor allem beim letzten Punkt konnte der Inhaber des Hotels Felice mit der uneingeschränkten Zustimmung der deutschen Gäste rechnen.

- After hours 23 it is prayed to make hush in the hotel's room, in order to respect the other guests.

- Nicht schleuderm die ture.

Nicht aufhangen handtuch auf zelt

Nicht beflecken decke von bett

Der terrasse ist offen bis uhr 23

Zahlen schade!

Thanks,

Hotel in Rom

Wir üben Deutsch. Bitte sprechen Sie mir nach: Brautkleid bleibt Brautkleid und Bratwurst bleibt Bratwurst. Noch einmal bitte!

Wurststand bei San Diego (Kalifornien)

Hält nicht, was es verspricht

Das Leben ist eine lange, verwirrende Reise,
auf der uns viele Schilder begegnen und Hinweise.
Nicht alle führ'n zum rechten Orte.
Hier ein Kapitel ohne weitere Worte.

Insel Baltrum

»Max Bahr«-Baumarkt, Lübeck

»Edeka«-Markt, Bad Rodach (Bayern)

Untermünkheim (Baden-Württemberg)

Plauen (Sachsen)

Serengeti-Park
Hodenhagen
(Niedersachsen)

»Metro«-Markt in
Esslingen (Baden-
Württemberg)

Supermarkt neben der Technischen Hochschule Aachen

Am Bodensee

Düsseldorf

Parkhaus in der Mannheimer Innenstadt

Bildnachweis

Der Dank gilt folgenden Personen, die ihre Genehmigung zur Veröffentlichung der Fotos gegeben oder Zeitungsausschnitte und andere Materialien zur Verfügung gestellt haben.

8	Falk Lehmann, Dresden	24 oben	Silke Grüter, Gronau
9	Nina Krause, Bad Nenndorf	24 unten	Walter Stephan, Stralsund
12 oben	Jens Bruhn-Hansel	25 oben	Gabi Pott
12 unten	Renate Vogel, Berlin	25 unten	Gabi Seyfarth, Magdeburg
13 oben	Guido Niebuhr, Köln	28 unten	Solange Gorga-Leissl, Wiesbaden
13 unten	Erika Reßing, Hünxe-Drevenack	29 oben	Arne Sommer, Kiel
15 oben	Georg Grotefels, Selm-Cappenberg	29 unten	Meinolf Drüeke, Güstrow
15 unten	Carola Brummer	30 oben	Antje Martens, Rostock
16 oben	Monika Heck, Göppingen	30 unten	Jessica Keuthen, Mainz
17 oben	Petra Klippel-Spalthoff, Jülich	31 oben	Andreas Küst, München
17 Mitte	Ingetraut Stolz, Elsnigk	31 unten	Andrea Zimmermann, Dieterskirchen
17 unten	Christa Burs, Berlin	33 oben	Dieter Rau, Dresden
18 oben	Franz-Josef Wagner, Warendorf	33 unten	Philipp Grasshoff, Freiburg
18 unten	Lina Buchmann, Sophienhamm	34	Franziska Weck, Leipzig
19 oben	Markus F. Portaccio, Hofheim	35 oben	Steffen Marung, Dresden
19 unten	Jochen Erbacher, Hannover	35 unten	Christine Schmidt, Homberg/Efze
20 oben	Jens Schöwing, Bremen	36 oben	Regina Lobinger, Hallstadt
20 Mitte	Dr. Axel Schlote	36 unten	Marian Lein, Schaafheim
21	Jo Hielscher, Hamburg	37 unten	Andree Dunz, Kiel
22 oben	Katrin Pütz-Küppers, Wassenberg	39 oben	Matthias Fragata, Ingelheim
22 Mitte	Anne Bruyers, Essen	39 unten	Ulrich Jäckle, Köln
22 unten	Jörg Lahmann, Feldhorst	40 oben	Dr. Oliver Schäfer, Berlin
23 oben	Stefan Marquardt, Langenburg	40 unten	Peter Alpers, Velbert
		41 oben	Monika Cleves, Bochum
		41 unten	Irmgard Kotte, Salzwedel
		42 oben	Gerald Gruber, Holzhausen (A)
23 Mitte	Susanne Engisch, Alpirsbach	42 unten	Frank Langenfeld, Mönchengladbach

43 oben	Dr. Monika Emde, Calden	66 oben	Roger Schmidt, Rostock
43 unten	Eva Püttner, Bayreuth	66 unten	Michael Bethke, Ludwigshafen
44 oben	Florian Krins, Hamburg	67 oben	Corinna Vogt, Darmstadt
44 unten	Wolfgang Engler, Ravensburg	67 unten	Tessa Tielert, Karlsruhe
45 oben	Swantje Kammerecker, Glarus (CH)	69	Raimund Beilicke, Güntersleben
45 unten	Jörg Zieren, München	70 oben	Christina Liebert, Gera
47 oben	Michael Büttner, Stuttgart	70 unten	Andrea Heß-Kraus, Hetzbach
47 unten	Alexander Lampert, Ölbronn-Dürrn	71 oben	Jessica Freiwald, Stuttgart
48 oben	Bernd Goebel, Langenhagen	71 unten	Andreas Weller
		72 oben	Maren Boening, Dresden
48 unten	Detlef Fröhlich, Bremen	72 unten	Alexandra Werner, Frankfurt am Main
49 oben	Ralf Fleischmann, Tuttlingen		
49 unten	Rudolf Ahr, Weilheim	73 oben	Daniel Hamann, Obermichelbach
50 oben	Lars Lange, Berlin		
50 unten	Dr. Oliver Pfänder, Ulm	73 unten	Philipp Nold, Marburg
51 oben	Dr. Eike Janocha, München	75	Erhard Ducke, Paderborn
51 unten	Kai Rosenthal, Aachen	76 unten	Friederike Sapel
53	Christine Wallaberger, Mattighofen	77	Martin Nissen, Frankfurt am Main
54 unten	Juliane Steffens, Falkensee	78 oben	Nicole Tandel, Ebersbach
55 oben	Daniela Algieri, Hamburg	78 unten	Annika Düvel, Bremervörde
55 unten	Heleen Lügering, Hennef	79 oben	Ansgar Sauter, Berlin
56 oben	Sebastian Sieprath, Würselen	79 unten	Maximilian Reichl, Passau
		80 oben	Thomas Rachow, Witten
56 unten	Horst Singer, Reubach	80 2. v. o.	Alexander Bräuer, Fuchstal-Seestall
57 oben	Barbara Eckert, Berlin		
57 unten	Andreas Schalm, Berlin	80 unten	Waldemar Behn, Eckernförde
58 oben	Susanne Bilz, Hamburg		
58 unten	Thomas Herzog, Aesch (CH)	81 oben	Kerstin Reichenbach, Leimen
59 oben	Maike Senger, Hohenhameln		
		83 oben	Adalbert Jäger, Stegaurach
59 unten	Bernhard Nothdurft, Irmtraut	83 unten	Margret Heinzen, Feusdorf
		84 oben	Elsbe Brost, Neckargmünd
61	Leonhard Keller, Saarbrücken	84 unten	B. Baier, Sundhagen
		85 oben	Markus Kräft, Braunschweig
62	Cordula Frische, Bremen	85 unten	Stephan Günzel, Düsseldorf
63 oben	Jonathan Witte, Wettmershagen	87 oben	Dr. Anton Rauter, Schützen (A)
63 unten	Mario Doherr, Halberstadt	89 oben	Oliver Zuschlag, Rodgau
64 oben	Oliver Gatz, Freiberg	89 unten	Evelyn Tschögl, Altach (A)
64 unten	Kai-Oliver Kraft, Gröbenzell	90 oben	Heinke Edlich, Wolfsburg
65	Udo Kern, Frankfurt am Main	90 unten	Michael Neißendorfer, München

197

91 oben	Claudia Polter, München
91 unten	Johannes Blankenstein, Halle
93 oben	Hermine Wange, Jena
93 unten	Annelie Lüdemann, Visselhövede-Nindorf
94	Silvia Mruk, Willich
95	Dr. Julia Freifrau Hiller von Gaertringen, Wörth
97	Sabine Oehlke, Essen
98	Ralf Köhler
99	Frank Falkenberg
100 oben	Josef Stemper, Biberach
100 unten	Ulrich Koch
101 oben	Ingrid Matz, Berlin
101 unten	S. Brintrup, Wellmar
102	Jens Scholz, zzt. Indien
103	Volker Graßhoff, Schönebeck
104 oben	Thomas Voigt, Hannover
105 oben	Alfred Lanfermann, Essen
105 unten	Tobias Reitz, Berlin
106 oben	Walter Hammer, Buch am Wald
106 unten	Prof. Dr. Dagmar Schmauks, Berlin
107 oben	Leo Grausam, Breitenau am Hochlantsch (A)
107 unten	Jürgen R. Schindel, Delmenhorst
108 o. li.	Annett Witt, Dresden
108 o. re.	Lothar B. Matz, Berlin
108 unten	Katrin Fehlhaber, Obernkirchen
109 oben	Julia Balser, Reiskirchen
109 unten	Hans Lederer, Malterdingen
111 oben	Daniel Reil, Berlin
111 unten	Kirsten Tyra, Laatzen
112 oben	Anette Wicht
112 Mitte	Günter Becht, Bobingen-Straßberg
112 unten	Gisela Schlenzig, Oberteuringen
113 oben	Ursula Ricker, Baden-Baden
113 unten	Fred und Gisela Onnasch, Großhansdorf
114 oben	Peter Kuley, Berlin
114 unten	Harri Wehrli, Wagenhausen (CH)
115 unten	Ulrich Horn, Dresden
117	Peter Essen, Bonn
118 oben	Gabriele Staschlitz, Vetschau
119 oben	Lothar Kittel, Sindelfingen
119 unten	Michael Brüggershemke, Hamburg
120 unten	Marc Preuß
121 oben	Meike König
121 unten	Johann Heyen, Großefehn
123 oben	Dr. Sigrid Fröhlich, Köln
125 oben	Alexa von Reden, Garbsen
126 oben	Michael Albrecht, Düsseldorf
126 unten	Stefanie Brill
127 oben	Michael Wavlinghoven, Leverkusen
127 unten	Volker Weidhaas, Tauberbischofsheim
128 oben	Jana Drozd, Leipzig
128 unten	Marion Zill
129 oben	Conny Busch, Geisenheim
129 unten	Hanna Lippert, Zirndorf
131	Peter J. Valjak, Althengstett
132 oben	Margit Fruth, Burghausen
132 unten	Falk Wolf, Radebeul
133 oben	Matthias Helfricht, Roehrmoos
133 unten	Adriane Palka, Dortmund
134 oben	Georg Maus, Potsdam
135 unten	Günter Weidlich, München
136 unten	Oliver Storch, Leipzig
139 unten	Heiko Tammena, München
140 oben	Thomas Hassel, Reutlingen
140 unten	Jutta Kulaber, Groß-Gerau
141 oben	Thomas Lüllwitz
141 unten	Marion Friemelt, Vaihingen an der Enz
142 oben	Oliver Hoffmann, Koblenz
143 oben	Jutta Wagenknecht, Berlin
143 unten	Vera Figur, Berlin
144 oben	Andreas Barchet, Kaiserslautern

144 unten	Gottfried Frais, Wien	171 unten	Tanja Stein, Grünberg
145 oben	Jörg Wienand, Kassel	172 oben	Stephan Müller, Waldems
145 unten	Andrés Krug Danto, Haseldorf	172 unten	Ronny Schmidt, Bonn
147 oben	Kathrin Kraft, Köln	173 oben	Susanne Kitzmann, Potsdam
147 unten	Joachim Clemens, Kaiserslautern	174 unten	Gertraud Krammel, Hollabrunn (A)
148	Michael Link, Hiddenhausen	175 oben	Dieter Rau, Dresden
149	Dr. Barbara Schmock, Berlin	175 unten	Catherine Lahcen-Wagner, Frankfurt am Main
150 oben	Thomas Lenk, Berlin	177	Kerstin Rapp, Tübingen
150 unten	Tilo Schnur, Oberpfaffenhofen	178 oben	Michael Weigert, Beratzhausen
151 unten	Isabel Roessler, Minden	178 unten	Daniel Fischer, Höhr-Grenzhausen
152 oben	Hans Sapotta	179 oben	Dorothee Niemann, Heidelberg
152 unten	André Klinge, St. Gallen (CH)	179 unten	Markus Herz, Halle an der Saale
153 oben	Kati Husemann	180 oben	Ferdinand Fuchs, München
153 unten	Jonas Kern	180 unten	Julia Sterr, Freising
155 oben	Claudia Kipping	181	Regina Straube, Braunschweig
155 unten	H. Pohl, Hausen (CH)	182 oben	Beate Graf, Marsberg
156	Jasmin Hofemann, Gütersloh	182 unten	Dr. Christian Godde, Lohne
157	Uwe Johann, Herford	183 oben	Magdalena Wawrzykowska, Leipzig
158 oben	Carola Puvogel, Krefeld	183 unten	Stefan Kühlein, Saarbrücken
158 unten	Thomas Küstermann, Bochum	184 oben	Barbara Barret, Berlin
159 oben	Stefan Krüger, Wörrstadt	184 unten	Regina Brünnemann, Hürth
159 unten	Karlheinz Drechsel, Stade	185 oben	Helmut Wittek, Karlsruhe
160 oben	karstography.com	185 unten	Dirk Froelje
160 unten	Martin Kappler, Baziège (F)	186	Isabella Noidoilt
161 oben	Katy Besener und Martin Jaschinski	187	Ricarda Hilf, Bern
161 unten	Marion Vogt	189	Stephanie Ruth, Köln
163	Sabine Becker, München	190 oben	Sarah Körth, Lübeck
164 oben	Gert Lindenberg, Bruckmühl	190 unten	Ralf Brömer, Jena
164 unten	Christian Menke	191 oben	Thorsten Anders, Krautheim
165 unten	Oliver Kröger, Herford	191 unten	Ulrich Wacker, Plauen
166 oben	Björn Waack, Eisenach	192 oben	Nathalie Drewes, Berlin
166 unten	Ulrike Schmidt, Minden	192 unten	Sabine Reichert, Deizisau
167 oben	Laura Ressel, Köln	193 oben	Alexander Pauling, Jüchen
167 unten	Inge und Jürgen Rahn, Timmendorfer Strand	193 unten	Bianca Reaves, Maintal
169 oben	Torsten Landwehr, Köln	194	Carsten Kaminski, Reken
169 unten	Christine Schmidt, Homberg/Efze	195	Jan Herzog, Idstein
171 oben	Margrit Kühn, Karlsruhe		

Verschicken Sie schon oder lachen Sie noch?

Bastian Sick. Wir sind Urlaub. Das Happy-Aua-Postkartenbuch. Taschenbuch. 16 Postkarten

Bastian Sick. Zu wahr, um schön zu sein. Verdrehte Sprichwörter. Taschenbuch. 16 Postkarten

»Wir sind Urlaub« – das Beste aus »Hier ist Spaß gratiniert«, jetzt auch zum Verschicken!
Erfreuen Sie Freund und Feind mit unnachahmlichen Aussagen und Motiven zu allen möglichen Anlässen.

Jeder kennt es: Da sucht man nach der passenden Redewendung und schon sieht man vor lauter Wald die Bäume nicht. Die besten verdrehten Sprichwörter gibt es nun auf Postkarten – »Zu wahr, um schön zu sein«.

www.kiwi-verlag.de

Auf die Plätze, fertig, Spaß!

Bastian Sick. Happy Aua. Taschenbuch   Bastian Sick. Happy Aua 2. Taschenbuch   Bastian Sick. Hier ist Spaß gratiniert. Ein Happy-Aua-Buch. Taschenbuch

Gordon Blue, gefühlte Artischocken, strafende Hautlotion – nichts, was es nicht gibt! Bastian Sick hat sie in seinen Bilderbüchern aus dem Irrgarten der deutschen Sprache zusammengetragen und kommentiert: missverständliche und unfreiwillig komische Speisekarten, Hinweisschilder, Werbeprospekte u. ä. – die bizarrsten Deutschlesebücher der Welt.

www.kiwi-verlag.de

Zum Lesen, Lachen und Nachschlagen

Bastian Sick. Der Dativ ist ... Folge 1.
Taschenbuch. Verfügbar auch als eBook

Bastian Sick. Der Dativ ist ... Folge 2.
Taschenbuch. Verfügbar auch als eBook

Bastian Sick. Der Dativ ist ... Folge 3.
Taschenbuch. Verfügbar auch als eBook

Bastian Sick. Der Dativ ist ... Folge 4.
Taschenbuch. Verfügbar auch als eBook

Witzig und unterhaltsam – Bastian Sicks Sprachkolumne begeisterte bereits Millionen Leser.

www.kiwi-verlag.de

Ein Buch für alle Fälle

Bastian Sick. Der Dativ ist dem Genitiv sein Tod. Folge 5.
Taschenbuch. Verfügbar auch als ebook

Kommt dämlich von der Dame und herrlich vom Herrn?

Unterhaltsam und witzig löst Bastian Sick dieses und andere Rätsel der deutschen Sprache und zeigt auch im fünften Band der erfolgreichen Kultserie: Man lernt nie aus!

www.kiwi-verlag.de

Drei auf einen Streich

Bastian Sick. Der Dativ ist dem Genitiv sein Tod.
Ein Wegweiser durch den Irrgarten der deutschen
Sprache. Die Zwiebelfisch-Kolumnen. Folge 1-3 in
einem Band. Sonderausgabe. Taschenbuch

»Der Dativ ist dem Genitiv sein Tod« ist eines der erfolgreichsten Bücher der letzten Jahre. Mit Kenntnisreichtum und Humor hat Bastian Sick uns durch den Irrgarten der deutschen Sprache geführt. Jetzt sind erstmalig die drei Folgen in einem Band versammelt und mit einem neuen, alle Bände umfassenden Register versehen worden.

www.kiwi-verlag.de

Spaß und Lernerfolg garantiert!

Bastian Sick. Wie gut ist Ihr Deutsch? Der große Test.
Taschenbuch

Wie lautet die Mehrzahl von Oktopus? Was ist ein Pranzer? Wofür stand die Abkürzung SMS vor hundert Jahren? Und ist Brad Pitt nun der gutaussehendste, bestaussehendste oder am besten aussehende Filmstar unserer Zeit? Der große Deutschtest von Bestsellerautor Bastian Sick versammelt spannende Fragen aus dem Fundus der Irrungen und Wirrungen unseres Sprachalltags.

www.kiwi-verlag.de

»DER Popstar der deutschen Sprache.«
MDR

Bastian Sick
„Happy Aua"-Tour 2008
Live-Lesung
ISBN 978-3-89813-737-9
1 CD – 73 min – 9,99 €*

Bastian Sick
Live-Lesung
ISBN 978-3-89813-646-4
1 CD – 76 min – 9,99 €*

* unverbindliche Preisempfehlung

Im Handel erhältlich!

Dem Genitiv seine Hörbücher

Bastian Sick
Der Dativ ist dem Genitiv sein Tod
(Folge 5)
Autorenlesung
ISBN 978-3-86231-273-3

2 CDs – 168 min – 19,99 €*

Bastian Sick
Der Dativ ist dem Genitiv sein Tod
(Folge 4)
Autorenlesung
ISBN 978-3-89813-881-9

2 CDs – 159 min – 19,99 €*

Bastian Sick
Der Dativ ist dem Genitiv sein Tod
(Folge 3)
Autorenlesung
ISBN 978-3-89813-566-5

2 CDs – 146 min – 19,99 €*

Bastian Sick
Der Dativ ist dem Genitiv sein Tod
(Folge 2)
Autorenlesung
ISBN 978-3-89813-445-3

2 CDs – 151 min – 19,99 €*

Bastian Sick
Der Dativ ist dem Genitiv sein Tod
(Folge 1)
Lesung mit Rudolf Kowalski
ISBN 978-3-89813-400-2

2 CDs – 153 min – 19,99 €*

www.der-audio-verlag.de D›A‹V

Besuchen Sie mich im Internet:
www.bastiansick.de

Und auf Facebook:
www.facebook.com/bastian.sick.live